Christian Mietz

Tauchreiseführer Thailand

Christian Mietz

Tauchreiseführer Thailand

Tauchregionen,
Tiere und Pflanzen, Reisetips

Naturbuch Verlag

Der Autor:
Christian Mietz, Reisejournalist, Unter-
wasserfotograf und Tauchlehrer mit
langjähriger Praxis. Im Naturbuch Ver-
lag veröffentlichte er bereits „Tropische
Meeresfische", „Tauchreiseführer
Deutschland" und „Tauchreiseführer
Malaysia".

Die Deutsche Bibliothek – CIP-Einheitsaufnahme

Mietz, Christian:
Tauchreiseführer Thailand: Tauchregionen, Tiere und Pflanzen,
Reisetips/Christian Mietz. – Augsburg: Naturbuch-Verl., 1995
  ISBN 3-89440-138-9
NE: HST

Alle Informationen und Hinweise ohne jede Gewähr und Haftung.

Gedruckt auf chlorfrei gebleichtem Papier.

Naturbuch Verlag
© 1995 Weltbild Verlag GmbH, Augsburg
Alle Rechte vorbehalten
Karten: Natalia Zurakowska, München
Layout und Satz: Felix Weinold, Schwabmünchen
Umschlaggestaltung: Peter Engel, Grünwald
Umschlagfotos: Christian Mietz
Reproduktion: Colorline, I-Verona
Druck und Bindung: Interdruck, Leipzig
Printed in Germany

ISBN 3-89440-138-9

Inhaltsverzeichnis

Einleitung

Wenn ein Taucher an Fernreisen denkt, träumt er meistens von palmengesäumten Stränden und tropischen Meeren mit bunten Korallenlandschaften. Jeder schwärmt von den unzähligen lebhaften Riffbewohnern und von Begegnungen mit ganz großen Fischen. Umringt von diesem farbenfrohen Gewimmel, schweben die Taucher schwerelos durch das klare warme Wasser der Tropen. Die angenehmen Temperaturen und die vielfältigen Farben und Formen, die Neptuns Reich wie auf einem Silbertablett präsentiert, verbreiten stets aufs neue eine ganz besondere Faszination.

Große und kleine Meeresbewohner spiegeln vor den Taucherbrillen – ein Bild vollendeter Harmonie. Das Gefühl, sich unter Fischen zu bewegen, ist und bleibt unvergleichlich. Thailand bietet viele abwechslungsreiche Rifflandschaften, an denen sich diese Taucherträume realisieren lassen. Die schönsten davon werden in diesem Buch vorgestellt.

Viele Taucher sind bereits tropenerfahren, und immer mehr, die sich dem Tauchsport widmen, zieht es an die Korallenriffe ferner Länder. Beiden Gruppen soll dieser Tauchreiseführer Thailand dazu dienen, besser vorbereitet an den Start zu gehen: durch Informationen über die Tauchgebiete im allgemeinen und über interessante Einzelheiten im besonderen. So bekommen Anfänger einen Überblick, und „alte Hasen" können sich einen tieferen Einblick verschaffen.

Bunte Korallenlandschaft

Ich möchte außerdem allen Tauchern zu einem besseren Verständnis für biologische Zusammenhänge in der tropischen Unterwasserwelt verhelfen und Interesse für natürlich gewachsene Lebensgemeinschaften wecken. Denn nur, wenn wir Taucher uns als beobachtende Gäste in dieser wunderschönen Zauberwelt zu bewegen verstehen, können wir den noch intakten Riffen unserer Erde den zur Erhaltung notwendigen Respekt entgegenbringen. Wir leben vom Meer –

Meeresschildkröte

und durch das Meer! Das gilt auch für das europäische Festland, wenngleich es uns nicht immer sofort ersichtlich und einleuchtend erscheinen mag.

Dieser Band über Thailand beschreibt die schönsten Tauchgebiete des Landes im Golf von Siam und in der Andamanensee. Er zeigt die Tauchgebiete in Übersichtsskizzen mit einer nachfolgenden Beschreibung. Wer mehr über die Tauchplätze der Regionen wissen möchte, kann die Informationen dazu in den einzelnen Kapiteln finden.

Bei immer mehr Tauchern entsteht auch ein vermehrtes Interesse an der Natur an Land, an der exotischen und meist unbekannten Tier- und Pflanzenwelt tropischer Länder. Weil man sich aber in bekannter Umgebung viel vertrauter und bewußter bewegt, kann der naturinteressierte Taucher in diesem Buch nicht nur einen repräsentativen Querschnitt der in Thailand vorkommenden Meeresbewohner finden, sondern darüber hinaus etwas über die Fauna und Flora des Landes erfahren. Natürlich kann und will dieses Buch keinen Anspruch auf einen zoologisch vollständigen Naturführer erheben, denn die Natur Thailands ist so reich, daß sie problemlos ganze Bände spezieller Literatur füllen könnte. Der engagierte Leser findet im Literaturverzeichnis (s. Seite 213) Hinweise auf weiterführende Bücher mit verschiedenen Themen aus dem Bereich der Natur.

Der abschließende Infoteil gibt kurz und übersichtlich Auskunft über alles Wissenswerte zur schnellen Orientierung am Tauchort.

Zu guter Letzt beinhaltet dieses Buch eine kleine Liste thailändischer Vokabeln für den Fall, daß einmal keine englisch sprechende Person in der Nähe ist.

Tauchen an tropischen Riffen

Vor nunmehr gut fünfzig Jahren wagte Hans Hass – ausgerüstet mit Tauchermaske, Schnorchel und Flossen – einen ersten Blick unter die Wasseroberfläche tropischer Meere. Was er dort sah, faszinierte in so sehr, daß er sich fortan der Erforschung der „neuen, schweigenden Welt", wie er sie nannte, widmete. Nie jedoch hätte sich der Tauchpionier träumen lassen, welche Begeisterung er mit seinen Berichten über die Schönheiten tropischer Korallenriffe auslösen würde. Heute gibt es fast überall auf der Welt Tauchbasen, die vielen Menschen einen Blick in die farbenprächtige Unterwasserwelt ermöglichen. Der Tauchsport ist durch technische Neuerungen und umfangreichere Kenntnisse in der Ausbildung sicherer und schon fast zum Breitensport geworden. Die zunehmende Beliebtheit hat einen beständig anhaltenden Boom ausgelöst. Auf der anderen Seite sehen Naturschützer diese Entwicklung mit Besorgnis, denn überall dort, wo viele Menschen ihrem Vergnügen nachgehen, darf die Naturbelastung nicht zu hoch werden.

Insbesondere die Korallenriffe haben sehr lange Regenerationsphasen, und ein prächtiger Korallenstock ist schnell durch die Unvorsichtigkeit eines Tauchers zerstört; deshalb sollen diesem Buch einleitende Kapitel über den Tauchsport vorangestellt werden. Wer als Taucher selbst einmal die Schönheiten intakter tropischer Rifflandschaften gesehen hat und sich der Schutzbedürftigkeit dieser natürlich gewachsenen Zauberwelt bewußt ist, wird sich unter

Schwereloses Schweben im dreidimensionalen Raum

Wasser entsprechend verhalten. Darüber hinaus stellen eine fundierte Ausbildung und eine funktionsfähige Ausrüstung die wichtigsten Voraussetzungen für die eigene Sicherheit und für umweltgerechtes Tauchen dar. Je mehr Taucher in Neptuns Reich hinabsteigen, um so wichtiger werden die Tauchvoraussetzungen des einzelnen.

Ausbildungsmöglichkeiten

Die überwiegende Anzahl der Tauchschulen in Thailand bietet dem tauchinteressierten Gast neben täglichen Ausfahrten auch die Möglichkeit, die ersten Schritte unter Wasser zu erlernen. Das Angebot umfaßt in der Regel die ganze Palette nationaler und internationaler Tauchorganisationen, allen voran PADI und NAUI.

Um die nichttauchenden Urlauber auf den Geschmack zu bringen, werden verschiedentlich sogenannte „Schnupperkurse" oder „Introductory Courses" angeboten. Dies kann ein guter Einstieg zur Vorbereitung auf einen Beginnerkurs sein, wenn die Anzahl der „Schnuppertaucher" auf einen kleinen Kreis und die Einführung auf das Flachwasser beschränkt bleibt. Tauchen Sie ohne Zertifikat und fundierte Tauchausbildung nie tiefer als fünf Meter!

Der Anfängerkurs umfaßt eine praktische und eine theoretische Ausbildung und schließt mit einem Zertifikat zum „Openwater Diver" ab. Im Unterschied zur praktischen Ausbildung im heimischen Hallenbad und den anschließenden Freiwassertauchgängen im nahegelegenen See finden die Beginnerkurse in Thailand in warmen Lagunen statt. Die anschließenden Übungstauchgänge werden dann bereits an tropischen Riffen durchgeführt. Ein weiterer Vorteil der Ausbildung ist die zeitliche Straffung auf fünf bis sechs Tage, in denen man den Tauchschein erwerben kann.

Die Theorie vermittelt grundlegende Kenntnisse aus der Tauchphysik, Tauchmedizin und Tauchgangsplanung, auch Gerätelehre und Erste-Hilfe-Maßnahmen

Rechts:
Weiterführende Ausbildungen beinhalten praxisorientierte Theorie

Unten:
Schon auf den ersten Metern gibt es viel zu sehen: die Vielfalt eines tropischen Riffs bei Ko Lanta!

bei tauchspezifischen Unfällen werden behandelt. Ein abschließender schriftlicher Test stellt die Voraussetzung für das Zertifikat dar.

Die Kosten für diese recht intensiven Tauchanfängerkurse liegen in Thailand zwischen 7800 und 8000 Baht (etwa 535 DM). Die entsprechenden Leistungen der einzelnen Tauchschulen sind auf den ersten Blick gesehen ziemlich gleich. Unterschiede finden sich bei genauerer Betrachtung in der Qualität der angebotenen Tauchausrüstung (z.B. Lungenautomat mit Oktopus), in der Ausstattung des Tauchschiffes sowie in der Art und Anzahl der angebotenen Freiwassertauchgänge (normalerweise sollten es vier Tauchgänge vom Boot sein).

Weiterführende Kurse werden in Thailand von fast allen Tauchschulen angeboten. In der Regel sind dies: Advanced Openwater Diver, Rescue Diver und Divemaster Kurse. Der Divemaster Kurs dauert etwa zehn bis vierzehn Tage, während der „Advanced" und der „Rescue" in drei bis vier Tagen absolviert sind. Finden sich mindestens drei Kandidaten, bieten die PADI- und NAUI-Tauchschulen auch Tauchlehrer-Assistenten-Lehrgänge an. Die Reihenfolge der Kurse ist bindend und aufeinander aufbauend. Die Kurse sind von Verband zu Verband namentlich und von den Inhalten her leicht verschieden. Die Kernpunkte der praktischen und theoretischen Tauchausbildung bleiben aber im wesentlichen immer die gleichen. Die deutschen Verbände versehen ihre Leistungsstufen gerne mit „Sternchen" oder einer „Bronze-Silber-Gold"-

Einteilung, während die internationalen Verbände die o.a. Namengebung bevorzugen. In allen Kursen werden Grundlagen geschaffen, deren Vertiefung dann im individuellen Bereich des Tauchers liegt. Die vermeintlich höchste Anerkennung einzelner Verbände durch die CMAS, dem sogenannten Dach- oder Weltverband, unterliegt eher wirtschaftlichen Aspekten der jeweiligen Geschäftspolitik.

Auch bei Nullzeittauchgängen den Sicherheitsstop nicht vergessen!

Ausrüstung

Bei intensiver Prüfung der großen und mittlerweile auch recht bunten Palette von Tauchartikeln stellt man schnell fest, daß die Angebote nahezu unüberschaubar geworden sind. Aufgrund der steigenden Nachfrage drängen immer mehr Anbieter auf den Markt, und für den Sporttaucher wird die Wahl zur Qual. Wichtigste Entscheidungskriterien

Oberflächenpausen sind wichtig zum Stickstoffabbau

bei der Wahl der Tauchausrüstung bleiben nach wie vor Sicherheit und eigenes Wohlbefinden.

Neben der ABC-Ausrüstung – Maske, Schnorchel und Flossen – und Tauchermesser sind Lungenautomat mit Finimeter, Rettungs- und Tarierweste, Taucheruhr, Tiefenmesser und Dekotabelle die notwendigen Instrumente, um einen Tauchgang sicher planen und durchführen zu können. Bis auf eine Taucheruhr verleihen die Tauchschulen meist alle Ausrüstungsgegenstände direkt vor Ort. Flasche und Blei sind bei den Tauchgängen stets inklusive.

ABC-Ausrüstung

Tauchermaske
Die wesentlichen Kriterien bei Tauchermasken sind:
1. Bruchfestes, thermisch entspanntes Glas (tempered glass); Plexiglas ist ungeeignet und gefährlich. Für Brillenträger gibt es speziell eingeschliffene Gläser.
2. Ein sog. „Dichtigkeitstest" für den optimalen Sitz, bei dem die Maske ohne Maskenband ans Gesicht gedrückt wird und beim Einatmen durch die Nase am Gesicht haften bleiben muß; dabei darf keine Luft von außen angesaugt werden.
3. Ein möglichst kleines Maskenvolumen (Vergrößerung des Sichtfeldes, Erleichterung beim Ausblasen!); Vollgesichtsmasken sind für den Sporttaucher ungeeignet.
4. Der Maskenkörper muß die Nase mit einschließen (wichtig für den Druckausgleich!) und sollte ein möglichst großes Sichtfeld haben.

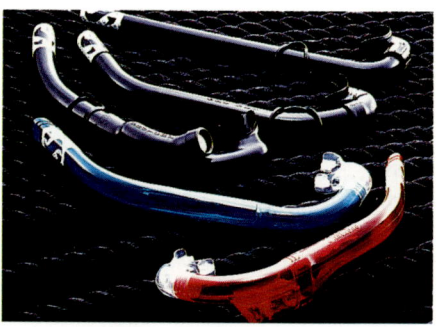

Die einfachsten Schnorchel sind
nach wie vor die besten

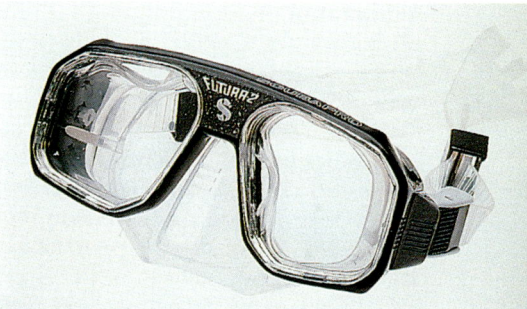

Wichtigstes Kriterium beim Kauf einer
Tauchermaske ist der Dichtigkeitstest

Lungenautomaten zeigen Tauchern den Umgebungsdruck an, den sie zum Atmen
unter Wasser benötigen

Schnorchel

Die einfachsten Schnorchel sind nach wie vor die besten, wobei man natürlich auf eine gute Verarbeitung achten muß. Als Material eignen sich Gummi für das Mundstück und Plastik für das Rohr. Das Mundstück sollte einen Dichtrand und Beißnoppen haben, das Rohrende muß mit einer Warnfarbe gekennzeichnet sein. Schnorchel sollten nicht länger als 35 Zentimeter (Ellentest) und nicht dicker als 2,3 Zentimeter (Daumentest) sein, um die Gefahr einer Pendelatmung und eines zu großen Druckunterschiedes zu vermeiden. Ventile zum Ausblasen des Schnorchels stören mehr, als sie nützen. Tauchermasken mit integriertem Schnorchel bilden eine unnötige Gefahrenquelle und sollten nicht verwendet werden.

Flossen

Es gibt Schwimm- und Tauchflossen mit offenem bzw. geschlossenem Fersenteil. Entscheidungskriterium für den Einsatz ist die Benutzung mit oder ohne Füßlinge, d.h. also die Wassertemperatur, und nicht, wie weithin verbreitet, die angebliche Professionalität des Tauchers. In warmen tropischen Gewässern empfehlen sich also durchaus geschlossene Flossen. Die Härte des Flossenblattes sollte dem persönlichen Trainingszustand angepaßt sein, da ein zu hartes Blatt schnell die Gelenke überbeansprucht und zu Wadenkrämpfen führt. Vorteilhaft ist ein leicht gekrümmtes Flossenblatt, da es sich der Beinbewegung besser anpaßt. Flossen mit Kunststoffblatt halten länger und sind im Gegensatz zu Gummiflossen leichter (Fluggepäck!).

TIP: Am besten die eigene ABC-Ausrüstung mit in den Urlaub nehmen!

Tauchermesser

Das Tauchermesser wird von Laien häufig als Waffe betrachtet; es dient aber ausschließlich der Sicherheit des Tauchers, z.B. wenn er sich einmal aus Netzen, Angelschnüren oder ähnlichem befreien muß.

Die Klinge sollte robust gearbeitet und auf einer Seite gezänt sein. Ist das Griffende als Hammer gestaltet, besitzt man ein zusätzliches Werkzeug. Die Messerscheide besteht idealerweise aus Gummi mit einer festen Halterung für das Messer. Man trägt das Tauchermesser auf der Innenseite des Unterschenkels, damit es in jeder Lage gut zu erreichen ist und bei notfallmäßigem Abwurf des Bleigurtes nicht behindert.

Lungenautomat/Atemregler

Der Lungenautomat reduziert den Flaschendruck mittels zwei Stufen auf den jeweiligen Umgebungsdruck, den ein Taucher unter Wasser zum Atmen benötigt. Die erste Stufe mindert den Hochdruck der Tauchflasche auf einen Mitteldruck (ca. zehn bar über Umgebungsdruck). Die zweite Stufe reguliert den Druck auf den jeweiligen Umgebungsdruck. Aus Sicherheitsgründen haben die meisten Tauchschulen ihre Lungenautomaten mit einem zweiten Atemregler, dem sog. Oktopus, ausgestattet. Der Oktopus soll bei einem Notfall helfen, die Wechselatmung zu erleichtern. Weiterhin ist der Lungenautomat über einen Hochdruckschlauch mit einem Finimeter verbunden, das den Restdruck in der Tauchflasche direkt anzeigt. In einer Konsole am Finimeter sind

häufig Tiefenmesser, Tauchcomputer und/oder Kompaß integriert, so daß alle benötigten Daten bequem mit einem Blick abgelesen werden können. Der vierte und letzte an der ersten Stufe befindliche Schlauch ist der Inflatorschlauch, über den das Jacket per Knopfdruck mit Luft gefüllt werden kann.

TIP zum Lungenautomaten: Wer auch in kalten Gewässern tauchen möchte, ist mit einem Lungenautomaten mit Down-stream-Prinzip gut beraten, um der Vereisungsgefahr wirkungsvoll entgegenzutreten.

TIP zur Tauchreise: Wer seinen DIN-Lungenautomaten mit in den Tauchurlaub nimmt, denke an einen Bügeladapter für INT-Anschlüsse. Es gibt in Thailand auf den Tauchbasen so gut wie keine DIN-Anschlüsse oder Adapter.

Rettungs- und Tarierwesten

In fast allen Ländern ist das Tragen von Rettungs- und Tarierwesten aus Sicherheitsgründen zur Pflicht geworden – so auch in Thailand! Mit diesen wird unter Wasser der Volumenverlust von Tauch-

Moderne Jackets müssen an der Wasseroberfläche eine ohnmachtssichere Lage gewährleisten

anzügen nachtariert und an der Wasseroberfläche eine Schwimmhilfe zur Krafteinsparung gewonnen. Taucher ohne Anzug gebrauchen die Westen lediglich als Rettungswesten und Schwimmhilfe, vorausgesetzt, sie sind mit Bleigewichten richtig austariert. Im Notfall müssen die Westen eine sichere Lage gewährleisten, vor allem Ohnmächtige müssen vor dem Ertrinken geschützt sein.

Man unterscheidet Tauchwesten und Stabilizing-Jackets. Erstere sind wegen des aufblasbaren Kragens auch unter dem Namen „Klodeckel" bekannt. Sie werden aus Sicherheitsgründen immer vor der Tauchflasche und dem Bleigurt angelegt. Die Stabilizing-Jackets sind bequemer und auch teurer, obgleich sie im wesentlichen die gleichen Funktionen wie die herkömmlichen Tauchwesten aufweisen. Der große Vorteil eines Stabilizing-Jackets liegt in der integrierten Tragschale, an der die Tauchflasche befestigt wird. Einzelne Tragschalen mit umständlicher Bebänderung sind heute nur noch auf den wenigsten Tauchstationen verfügbar.

TIP 1: Tauchwesteninhaber sollten sich vorher erkundigen, ob es Tragschalen auf der Tauchschule gibt.

TIP 2: Wer sein Stabilizing-Jacket ohne eigenen Lungenautomaten in den Tauchurlaub mitnimmt, sollte den mitgelieferten Inflatorschlauch nicht vergessen. Leider gibt es hier immer noch keine Vereinheitlichung, und nicht alle Marken passen auf die Inflatoranschlüsse fremder Lungenautomaten.

Zwingend notwendige Zubehörteile

Um einen Tauchgang sicher zu planen und durchzuführen, werden neben der bereits aufgeführten Ausrüstung eine Taucheruhr, ein Tiefenmesser und eine Deko-Tabelle benötigt. Die Funktionen – einschließlich der des Finimeters – kön-

Tauchcomputer ermöglichen es dem Taucher, alle benötigten Daten auf einen Blick abzulesen

nen heute schon von modernen Tauchcomputern übernommen werden. Sie ersetzen das Mitführen des „manuellen Handwerkzeugs" jedoch keineswegs! (Wer immer auf der sicheren Seite taucht, beugt stets dem Ausfall technischer Geräte vor!)

Eine Taucheruhr sollte auf mindestens 100 Meter (besser sind 200 Meter) wasserdicht sein und einen rastenden Stellring mit einer eingelassenen Nullmarke haben. Ob der Stellring, wenn er gut rastet, nur nach links drehbar sein darf oder sich auch nach rechts drehen lassen kann, obliegt der individuellen Tauchphilosophie unterschiedlicher Anbieter. Zusätzliche Anzeigen sind eher störend und vermindern nur die Aufmerksamkeit.

Ein Tiefenmesser muß gut lesbar sein und im Flachwasserbereich, aber auch in größeren Tiefen eine hohe Genauigkeit aufweisen. Membrantiefenmesser mit einer Justierschraube für den Nullpunkt und elektronische Tiefenmesser mit einem Drucksensor gewährleisten die höchste Genauigkeit. Ein Schleppzeiger, der die größte erreichte Tiefe anzeigt, ist für das Bestimmen etwaiger Veränderungen bei der Nullzeit von Vorteil.

Die neuesten Erkenntnisse und Werte der Dekompressionsforschung gibt die Deko-Tabelle „Deko 92" nach *Dr. Max Hahn* an.

WICHTIG: Gewissenhafte Taucher nehmen auch beim Gebrauch eines Tauchcomputers immer eine Deko-Tabelle mit und legen selbst bei Nullzeittauchgängen stets einen Sicherheitsstop von drei Minuten auf drei Meter ein (nach PADI-Richtlinien seit 1994 drei Minuten auf fünf Meter).

Sicherheitsregeln

Die oberste und wichtigste Regel lautet:

„Tauche immer auf der sicheren Seite!"

An diesem Gebot sollten sich alle Vorbereitungen und Aktivitäten orientieren. Bereits geringe Fahrlässigkeiten, die von dieser obersten Sicherheitsregel abweichen, können schnell zu einem Disaster mit schwerwiegenden Folgen führen. Deshalb sollte ein verantwortungsvoller Taucher stets bestrebt sein, schon im Vorfeld jedes mögliche Risiko auszuschalten.

Folgende Punkte sind unbedingt zu beachten:

1. Der bestmögliche Wartungszustand der eigenen Ausrüstung.
2. Vor jedem Tauchgang die Ausrüstung auf einwandfreie Funktion überprüfen, ohne Zugeständnisse zu machen! Bei Flaschenmiete von einer Füllstation auf den TÜV-Stempel achten.
3. Nur mit entsprechender Fitneß und gültiger Tauchtauglichkeitsbescheinigung tauchen (Zahnarzt!)
4. Jeden Tauchgang im Rahmen der eigenen Möglichkeiten planen und diesen Plan dann auch konsequent einhalten.
5. Tauche nur, wenn du dich an dem Tage auch wohl fühlst! Lasse dich nie gegen Deinen Willen zu etwas überreden!
6. Versuche nie, das Meer bei schlechten Witterungsverhältnissen herauszufordern!

Die Risikominderung trifft natürlich auch auf den Tauchgang selbst zu:

1. Die Tiefengrenze für das Sporttauchen liegt bei 40 Meter. In vielen Ländern, so auch auf meiner Tauchschule in Thailand, ist sie aus Sicherheitsgründen auf 30 Meter herabgesetzt.
2. Tauche konsequent zuerst gegen die Strömung!
3. Tauche immer innerhalb der Nullzeit!
4. Plane den Tauchgang immer so, daß du mit einem Restdruck von 50 bar (Reserve) wieder an der Oberfläche bist!
5. „Tauche nie allein!" ist nach wie vor eine allgemein gültige Taucherregel – auch wenn sie seitens der Presse diskutiert wird.

Insgesamt gesehen ist das Tauchen ein recht sicherer Sport geworden und längst nicht mehr das Privileg weniger „Supermänner oder Superfrauen". Voraussetzungen dafür bleiben allerdings das Verantwortungsbewußtsein und die Disziplin des einzelnen – nicht zu vergessen der Respekt vor der Unterwasserwelt, in der wir Taucher nur zu Gast sind.

Allgemeines über Thailand

Reisen in Thailand

Die erste Berührung mit dem „Land des Lächelns" findet für mehr als 90% aller Reisenden mit der Landung auf dem Flughafen Don Muang in Bangkok statt. Mit der zahlenmäßigen Zunahme internatioler Airports, wie Phuket oder Chiang Mai, verschieben sich die Zahlen zwar geringfügig, aber nach wie vor kommt nur ein geringer Prozentsatz auf dem Land- oder Seeweg nach Thailand. Deswegen beschränken sich die Beschreibungen für die Weiterreise auch auf Bangkok. Die Hauptstadt bietet Anschlüsse zu jedem Ort in Thailand.

Taucher mit viel Gepäck sind gut beraten, wenn sie von Bangkok aus möglichst nahe an ihr Tauchziel fliegen. Die Thai Airways verfügt über ein gut ausgebautes Inlandsflugnetz, das von der Bangkok Air unterstützt wird. In Bangkok fährt zwischen dem nationalen und internationalen Terminal ein kostenloser Shuttle Bus, der direkt vor der Ankunftshalle hält und sogar mit viel Gepäck leicht zu erreichen ist; außerdem können Trolleys ohne Gebühr ausgeliehen werden. In der Abflughalle des nationalen Flughafens wird dann erneut eingecheckt. Die Flughafensteuer für Inlandsflüge beträgt 20 Baht, für internationale

Die Sukkhumvit Road in Bangkok nach einem Regen

Flüge bei der Ausreise 200 Baht. Wird der Airport in Bangkok während der Rückreise nur als Transit genutzt, kann am Domestic Counter gleich die Gebühr für den internationalen Flug entrichtet werden. Man spart somit 20 Baht, darf danach allerdings das Flughafengelände in Bangkok nicht mehr verlassen. An den Inlandsflughäfen unterhält die Thai Airways einen Zubringerdienst zum Stadtoffice, der deutlich günstiger als die teuren Taxifahrten ist.

Die preislich günstigere Variante für Urlauber, die nur mit einem kleinen Rucksack unterwegs sind, besteht in den zahlreichen Busverbindungen, mit denen jeder Ort in Thailand erreichbar ist. Fährt ein Bus einmal nicht bis zum gewünschten Ort, dann warten an der Haltestelle auf jeden Fall Tuktuks oder Mopedtaxis, mit denen der Weg bis zum Ziel fortgesetzt werden kann. An jedem Busterminal gibt es Schalter, an denen Tickets zu fest ausgeschriebenen Preisen erhältlich sind (Bustickets immer möglichst frühzeitig kaufen!).

Die beliebtesten Beförderungsmittel in Bangkok: Taxis, Tuktuks und Mopeds

Eine nur unwesentlich teurere Art zu reisen stellen klimatisierte Minibusse dar. Sie pendeln tagsüber „mit rasender Geschwindigkeit" zwischen den größeren Städten und legen etwa alle vier Stunden eine kurze Rast ein. Die Fahrten sind jedoch nur nervenstarken Leuten anzuraten. Kleinere Entfernungen oder Stadtfahrten legt man am besten in sogenannten Pickups, Songthaews, Samlors, Tuktuks oder Mopedtaxis zurück, die einen für wenige Baht zu jedem gewünschten Ort bringen. Bei diesen Fahrten ist es wichtig, den Preis immer vorher festzumachen. Gerade bei den vermeintlich reichen Ausländern ist die Versuchung groß, stark überhöhte Preise zu verlangen. Sitzt der Gast erst einmal im Gefährt, hat er später keine Verhandlungschancen mehr und der drei- oder sogar fünffache Preis steht zur Bezahlung an. Die normalen Preise für eine Stadtfahrt liegen in den Provinzstädten zwischen 7 und 15 Baht. In Bangkok sind die Taxis mit Taximeter am sichersten. Die traditionellen Tuktuks der Hauptstadt zählen längst nicht mehr zu den günstigsten Beförderungsmitteln. Sie fahren notfalls schon mal einen kleinen Umweg, um das Geschäft für sich lukrativer zu gestalten!

Wer viel Reisezeit mitbringt, kann bequem, aber zeitaufwendig mit der Eisenbahn durch Thailand reisen. Zu empfehlen sind allerdings nur Erster-Klasse-Abteile der Express Diesel Railcars (EXP.DRC.). Tickets müssen unbedingt frühzeitig gebucht werden, weil insbesondere die Nachtzüge während der Saison ständig ausgebucht sind. Am sichersten bucht man Zugtickets ein bis zwei Tage vorher direkt im jeweiligen Hauptbahnhof. In Bangkok kann man

Auf den Khlongs geht es in Bangkok oft am schnellsten

die Zugfahrkarten sogar telefonisch vorbestellen (Hua Lompong Station, Telefon 2 23 70 10). Wer die Zugfahrten schon von Deutschland aus planen möchte, kann die aktuellen Verbindungen und Fahrpläne über die Fremdenverkehrsämter (siehe Seite 190) anfordern.

Verhaltenstips für Touristen

Die ständig steigenden Besucherzahlen Thailands beeinflussen neben der Natur und Urbanisierung des Landes natürlich auch die soziologischen Entwicklungen. Deshalb sollte man sich vor einem Thailandbesuch über die Mentalität und die sozialen Regeln der Thais im täglichen Umgang miteinander informieren.

Grundsätzlich sind die Thailänder sehr freundliche, höfliche und hilfsbereite Menschen mit einer gesunden Mischung aus Neugier und Zurückhaltung. In abgelegenen und touristisch weniger erschlossenen Gebieten zeigen sie sich Fremden gegenüber eher scheu. Ein erster Kontakt ist stets mit einem Lächeln zu finden. Nicht umsonst nennt man Thailand auch das „Land des Lächelns". Dieser Ausdruck findet bei vielen Situationen und Anlässen Anwendung: als Dank, zur Konfliktvermeidung, zur Entschuldigung und zur Erheiterung. Ein Lächeln kann auch Verlegenheit ausdrücken. Insgesamt gesehen kann man in Thailand mit einem Lächeln (nicht „Grinsen") viele Probleme meistern. Überhaupt ist Ruhe und Besonnenheit in Thailand sehr wichtig. Wer unbeherrscht

auftritt und womöglich noch laut wird, schreit oder seine Körpersprache nicht im Zaume hält, verliert sein Gesicht. Nach thailändischem Glauben setzt die menschliche Unbeherrschtheit den Zorn der Götter frei, und diese strafen dann alle Beteiligten. So ist es leicht vorstellbar, daß mit dem Gesichtsverlust auch die letzten Sympathien verspielt werden.

Sein Gesicht kann man aber auch verlieren, wenn man unpassende Kleidung trägt. Saubere arm- und kniebedeckende Kleider, die bei den Frauen freilich nicht transparent sein sollten, gehören in Thailand zum guten Ton und werden insbesondere von den „reichen" Ausländern als selbstverständlich erwartet.

Thailänder haben eine gesunde Mischung aus Neugier ...

... und Zurückhaltung

Grundsätzlich sind die Schuhe bereits vor dem Haus auszuziehen. Damit hält man unnötigen Schmutz von der Wohnung fern, der die guten Hausgeister vergraulen würde. Gleiches gilt auch für alle Tempelanlagen. Schwarze Kleidung steht in Verbindung mit dem Tod und findet in Thailand ausschließlich bei Beerdigungen Anwendung!

Das „wei" ist die in Thailand übliche Art der Begrüßung, denn das Händeschütteln ist in vielen asiatischen Ländern ursprünglich unbekannt. (Da viele Krankheiten durch Schmierinfektionen übertragen werden, findet das seine Berechtigung.) Das Falten der Handflächen geschieht zwischen Brust und Stirnhöhe und wird vom „Guten Tag", dem thailändischen „sawadee" begleitet. Je höher der Wai angesetzt wird, desto respektvoller wird er dargeboten. Da nun die soziale Stellung zu grüßender Thais nur schwer einschätzbar ist und zusätzlich oftmals die Einschätzung des thailändischen Gegenübers hinsichtlich unseres „Gesellschaftsranges" nicht auszumachen scheint, verzichtet man am besten auf ein wei und grüßt mit einer Kombination aus freundlichem Lächeln und höflicher Verneigung. Damit liegt man immer richtig und stößt keinen Thailänder mit einem zu niedrig oder zu hoch angesetzten wei vor den Kopf.

In der täglichen Kommunikation werden die Hände außer zum wei nur sehr zurückhaltend eingesetzt. So ist es zum Beispiel sehr verpönt, mit den Fingern auf jemand zu zeigen. Ebenfalls gilt es als ungezogen, bei einer Unterhaltung wild zu gestikulieren oder nach dem Bedienungspersonal zu klatschen und zu schnippen. Mann und Frau gehen in Thailand auch nie händchenhaltend spazieren, was andererseits bei Gleichgeschlechtlichen durchaus des öfteren zu beobachten ist und als Zeichen der Freundschaft gilt.

Anzumerken sei noch, daß Mönchen mit höchstem Respekt zu begegnen ist. Da Frauen für die Mönche tabu sind, sollten sie sich nicht neben einen Mönch setzen und ihn auf keinen Fall berühren! Heiligen und religiösen Symbolen, wie Buddha-Figuren, ist ebenfalls respektvoll gegenüberzutreten.

Außerhalb jeglicher Kritik steht das thailändische Königshaus. Es ist absolut unpassend, sich darüber despektierlich zu äußern oder gar Witze zu machen. Der König ist oberster Repräsentant und zugleich religiöses Oberhaupt des Landes. Er wird von weiten Teilen der Bevölkerung verehrt, und man erblickt überall die Porträts des Königpaares. Da der König auch die Geldscheine ziert, sollte man sich hüten, auf einen zu treten – dies könnte von manchen Thailändern übel genommen werden.

Mönchsfrühstück in einer Höhle bei Trang

Geschichtlicher Überblick

Die frühe Geschichte Thailands ist nur schwer nachvollziebar. Die meisten historischen Aufzeichnungen, die darüber Aufschluß geben konnten, wurden bei einem der zahlreichen Überfälle der Burmesen im 18. Jahrhundert von den Eroberern verbrannt. Die neueren Kenntnisse leiten sich vornehmlich aus den spärlichen archäologischen Funden ab. Es wird vermutet, daß in der Altsteinzeit – bis vor ca. 12 000 Jahren – viele Menschen vor den Überflutungen der Eiszeit aus dem südlichen Asien in das Gebiet des heutigen Thailand geflohen sind. Sie gingen mit einfachsten Werkzeugen auf die Jagd und folgten dem natürlichen Nahrungsangebot des Dschungels.

In der Mittelsteinzeit – bis vor etwa 7000 Jahren – fertigten die Menschen bereits verfeinerte Steinwerkzeuge und Waffen für die Jagd. In den Küstengegenden bauten sie die ersten kleineren Boote, mit denen sie zum Fischfang fuhren. Ausgrabungen weisen darauf hin, daß in dieser Zeit die ersten Keramikarbeiten entstanden sein müssen.

Mit Beginn der Jungsteinzeit domestizierten die Menschen Schweine und Rinder und führten den terrassierten Reisanbau ein. Archäologische Funde in Nordostthailand bei Ban Chieng lassen vermuten, daß dort um 3600 v. Chr. eine eigenständige, hochentwickelte Kultur entstand. Man wußte mit Eisenwerkzeugen umzugehen und konnte Bronzewaren herstellen.

Die direkten Vorfahren der heutigen Thailänder kamen vermutlich im Zuge großer Wanderbewegungen, die zu Beginn unserer Zeitrechnung in Südostasien stattfanden, ins Land. Sie mischten sich sowohl ethnisch als auch kulturell mit der Vielzahl der dort bereits lebenden Völker und Stämme.

Etwa im gleichen Zeitraum erreichten indische Einflüsse die malaiische Halbinsel. Die Handelswege der beiden Hochkulturen Indien und China führten über das Gebiet Thailands. Von Indien kam

Der Tempel der Morgenröte:
Wat Arun in Bangkok (Thonburi)

die buddhistische Lehre nach Thailand und verbreitete sich rasch. Der Buddhismus vermischte sich zunächst mit Elementen animistischer Naturreligionen und des Hinduismus. Für die religiösen Zeremonien brachten die Inder auch das Sanskrit, eine alte indische Kunstschrift, und die Pali-Sprache nach Thailand. Die Form des Theravada-Buddhismus, die heute mehr als 90% der thailändischen Buddhisten befolgen, verbreitete sich erst später im Land.

Im 2. und 3. Jahrhundert n. Chr. gewannen die Inder mehr und mehr an Einfluß. Sie hielten sich oft wetterbedingt während des Sommermonsuns auf der malaiischen Halbinsel auf, um dort ihre Weiterreise nach Osten abzuwarten. Viele von ihnen siedelten sich im Laufe der Zeit in Thailand an, vermischten sich mit der dort lebenden Bevölkerung und prägten das Land nach ihren religiösen und kulturellen Vorstellungen. So blieb auch ihre Missionsarbeit, die von buddhistischen Mönchen aus Indien unterstützte wurde, nicht ohne Spuren. Buddhafiguren im Amaravit Stil lassen noch heute ihr Einflußgebiet von Martaban über die Mündung des Salween bis zum Drei-Pagoden-Paß aufleben. Interessant scheint die überwiegend friedliche Indisierung ohne irgendwelche kriegerischen Aktivitäten, die nie die Lebensart der Thailänder zerstörte, sondern eher als Bereicherung und Weiterentwicklung der Kultur erschien.

Im 8. Jahrhundert breitete sich von Sumatra ausgehend das Sri Vijaya Reich in Südthailand aus und behielt seinen Einfluß fast fünf Jahrhunderte, bis es im 12. Jahrhundert von den Khmer, einem indochinesischen Volk, zurückgedrängt wurde. Die Khmer beherrschten seit et-

Buddha-Statue in einem Höhlentempel (Südthailand): Die Handgeste (Mudra) symbolisiert Buddhas Predigt und seine Lehre

wa drei Jahrhunderten bereits große Gebiete des heutigen Kambodschas und Nordostthailands. Noch heute zeugen viele eindrucksvolle Khmertempel, allen voran der bekannte Angkor Wat, von der einstigen Blütezeit des Khmer-Reiches im 11. und 12. Jahrhundert. Auch das Dvaravati-Reich der Mon in Mittelthailand, dessen Kunstrichtung großen Einfluß auf die thailändische Kultur nahm, fiel unter die Oberhoheit der Khmer.

Die eigentliche Heimat der Thai-Völker wird in Südostchina vermutet. Sie drängten im Laufe der Zeit immer weiter nach Süden und unterwanderten langsam die mächtigen Mon- und Khmer-Reiche. Es bildeten sich kleine Fürstentümer, deren Macht sich ständig ausweitete. Im Norden schlossen sie sich zusammen und bildeten im 13. Jahrhundert das Königreich Lan-na (Land der Millionen Reisfelder), das fortan über mehrere Jahrhunderte kriegerische Konflikte mit Burma und dem späteren Ayutthaya-Reich stand. Erst 1775 wurde Lan-na, das zwischenzeitlich von den Burmesen besetzt war, unter General Taksin vom Siamesischen Reich vereinnahmt.

In der Zentralebene begünstigte im 13. Jahrhundert ein langsamer Machtverlust der Khmer die Ausbreitung der thailändischen Fürstentümer. Sie nahmen 1238 die Khmer-Stadt Sukhothai (übersetzt „Morgenröte der Glückseligkeiten") ein und begründeten das geschichtsträchtige Sukhothai-Reich. Einer der bedeutendsten Könige, König Ram Khamhaeng, konnte das Reich fast bis auf die heutigen Staatsgrenzen vergrößern. Er machte den Theravada-Buddhismus zur Staatsreligion und führte die noch heute gültige Thaischrift ein, die er vermutlich aus einer Mischung des Mon- und Khmer-Alphabets sowie indischen Dewanagari-Schriftzeichen ableitete. Ram Khamhaeng knüpfte zukunftsweisende Handelsbeziehungen mit China, Indien, Ceylon (Sri Lanka) und Burma, die das Sukhothai-Reich auch kulturell belebten.

Nach dem Tode König Ram Khamhaengs verlor das mächtige Sukhothai-Reich zunehmends an Bedeutung, und es begann die Ära Ayutthayas. Das Reich von Ayutthaya sollte über 400 Jahre andauern; gegründet wurde es vom Prinzen U Thong, dem späteren König Rama Thibodi I. (1350–1365). Er war der erste von 33 noch folgenden Königen des Ayutthaya-Reiches.

Unter den Königen von Ayutthaya wuchs Thailand zum mächtigsten Staat Südostasiens heran. Sukhothai wurde vereinnahmt, und nach mehreren kriegerischen Auseinandersetzungen wurde Angkor, die Hauptstadt des ehemaligen Khmer-Reiches, besetzt. Mit der Eroberung Angkors kam das Kulturerbe der Khmer nach Ayutthaya und nahm entscheidenden Einfluß auf die gesellschaftliche Entwicklung des Reiches. Die Verkörperung der Khmer-Könige als heilige Inkarnation des Gottes Vishnu wurde von den Königen Ayutthayas übernommen. Der König war nun nicht mehr väterlicher Landesfürst wie einst im Sukhothai-Reich, sondern selbst ein Gott, dem höchste Ehrerbietung entgegenzubringen war. Er galt als unantastbar. Damit begann die absolute Monarchie in Thailand.

Bronzehandwerk in Nordostthailand nach alter Tradition

Ende des 16. Jahrhunderts nahmen Portugiesen, Engländer, Franzosen und Holländer die ersten Handelsbeziehungen mit Ayutthaya auf. Ihre Kolonialisierungsversuche scheiterten jedoch an rivalisierenden Streitigkeiten um die Gunst des Königs, die in einer bewaffneten Auseinandersetzung gipfelten. Daraufhin distanzierte sich Thailand für lange Zeit von den europäischen Mächten.

Im 18. Jahrhundert überfielen die Burmesen Ayutthaya, brannten die prachtvoll aufgebaute Stadt nieder und zogen mit ihrer Beute nach Burma zurück. Dieser Brandschatzung fielen auch die meisten historischen Dokumente des Landes zum Opfer. Das unbesetzte Land zerfiel wieder in mehrere kleinere Fürstentümer, die, vom General Phraya Tak (Taksin) vereint, ein neues Königreich bildeten. Er ernannte sich 1769 selbst zum neuen König und begann mit dem Aufbau Thon Buris zur neuen Hauptstadt. Dort entstand 1775 der bekannte Wat Arun. Nach und nach konnten die verlorengegangenen Nachbarprovinzen vom Erzfeind Burma zurückgewonnen und das zerrüttete Reich zu einer großen, festen Einheit gestärkt werden. Dem Größenwahn verfallen, wurde König Taksin vom General Chakri, der ohnehin für die Nachfolge vorgesehen war, vorzeitig abgesetzt und hingerichtet.

Chakri wurde 1782 zum König Rama I. gekrönt – er war der erste König der noch heute herrschenden Dynastie.

König Rama I. verlegte die Hauptstadt an die Ostseite des Flusses – von dort war sie leichter zu verteidigen – und begann das kleine Fischerdorf Chaophraya, das heutige Bangkok, nach dem Vorbilde Ayutthayas aufzubauen. 1785 ent-

stand der Wat Phra Geo (Tempel des Smaragd Buddhas) auf dem Gelände des Großen Palastes. Auch die beiden weiteren Regierungsperioden des eher musisch veranlagten Rama II. und des schon westlich orientierten Rama III. dienten in erster Linie dem Aufbau Bangkoks, das zu einer der schönsten Städte Asiens heranreifte.

König Mongkut, Rama IV., ein früherer Mönch und Gelehrter für Sprachen, Geschichte und Astronomie, widmete sich intensiv der Modernisierung des Landes. Er war der Vorbereiter des thailändischen Rechts auf der Grundlage europäischer Rechtsprechung und führte das Schulsystem ein. Mit kritischem Auge verfolgte Rama IV. die Kolonialisierungsvorgänge der europäischen Mächte in Südostasien. Indem er Handelsabkommen mit England, Frankreich, den USA und Preußen unterzeichnete, konnte er alle kolonialen Pläne umgehen und gleichzeitig von den westlichen Nationen profitieren. Ihm ist es in erster Linie zu verdanken, daß Thailand nie kolonialisiert wurde und bis heute das „Land der Freien" geblieben ist.

Mongkuts Sohn Chulalongkorn begann als König Rama V. bereits im Alter von 15 Jahren, die Politik seines Vaters fortzusetzen (von 1860 bis 1910). Er konnte den militärischen Druck der Engländer und Franzosen mit Gebietsabtretungen der kambodschanischen und laotischen Vasallenstaaten vermindern. Die Zentralisierung der Ministerien und der Verwaltung nach europäischem Muster stärkte die innenpolitische Lage Thailands und ermöglichte die Durchsetzung mehrerer Reformen. Er verbesserte die Infrastruktur, die medizinische Versorgung sowie die Schulbildung und ließ das Post-

Handgewebte Stoffe aus einem Dorf in Südthailand

Seine Nachfolger führten die westlich orientierte Reformpolitik fort. Rama VI. führte die allgemeine Schulpflicht ein und unter Rama VII. entstand der Flughafen Don Muang in Bangkok. Die aufkeimenden Forderungen nach einer Demokratisierung des Landes fanden jedoch keine Berücksichtigung.

1932 wurde Thailand durch einen unblutigen Putsch der neugegründeten Volkspartei zur konstitutionellen Monarchie. Die konservativen Militärs gewannen zunehmends an Macht und verliehen der Regierung teilweise nationalistische Tendenzen einer Militärdiktatur. Der König genoß auch in der konstitutionellen Monarchie weiterhin (inoffiziell) die uneingeschränkte Macht und die ergebene Treue und Verehrung des Volkes. Er steht nach wie vor als Symbolfigur für den Zusammenhalt des Landes und seiner Bevölkerung über allen politischen Entwicklungen.

1939 wechselte die Staatsbezeichnung offiziell von Siam auf Thailand. Die Liberalisierungsbewegungen standen in den folgenden Jahren in ständigem Konflikt mit den konservativen Militärs und führten zu vielen Parlamentsumbildungen und politischen Krisen. Seit 1946 fanden insgesamt 19 Umstürze oder Putschversuche statt, der letzte im Mai 1992.

König Bhumipol, der heute bereits 48 Jahre das Land regiert, konnte mit großer politischer Umsicht alle Unruhen schlichten. Seine Entscheidungen zu befolgen ist für alle Thais oberstes Gebot – auch für die mächtigen Militärs. Nach dem Putsch 1992 entschied er den Rücktritt des Generals, der sich selbst an die Spitze des Parlamentes gesetzt hatte, ließ alle Gefangenen der Revolte frei und veranlaßte die Verabschiedung einer

wesen ausbauen. Weiterhin schaffte er die Sklaverei ab. Kein Thailänder sollte mehr als Unfreier geboren werden. Als letzter thailändischer König unterhielt er einen Harem (etwa 400 Frauen). Rama V. war auch der erste thailändische König, der zur Jahrhundertwende Deutschland besuchte (Heidelberg). Ein gesetzlicher Feiertag (23. Oktober) läßt noch heute die Erinnerung an den großen Reformer in Thailand aufleben.

neuen Verfassung. Doch nicht nur seine politische Weitsicht, sondern auch sein besonderes Engagement für die Umwelt und das Wohlergehen seines Volkes zeichnen König Bhumipol aus. Es gibt keine Provinz in Thailand, die er nicht selbst schon mehrfach bereist hat, um sich der Sorgen und Nöte der Bevölkerung anzunehmen. Die Realisierung vieler Umweltprojekte zum Nutzen seines Volkes (Wiederaufforstung, Reduzierung der Brandrodung, Bewässerungsprojekte u. v. m.) basieren auf dem persönlichen Einsatz des Königs. Er ist sicherlich einer der populärsten Herrscher auf dem thailändischen Thron. Die verehrende Haltung der Bevölkerung findet ihren sichtbaren Ausdruck in vielen Dingen des täglichen Lebens: Mit Stolz schmücken die Thailänder ihre Wohnzimmer und Geschäftsräume mit dem Königsporträt. Selbst in kleinen Restaurants oder Handwerksbetrieben ist sein Bildnis an exponierter Stelle (meistens auch das der Königin!) zu finden. Sein Bild ziert jeden Geldschein und viele Briefmarken in Thailand. Er ist allgegenwärtig und wird von jedem Thailänder hoch geschätzt.

Tempelanlage in Südthailand

Religion und Bevölkerung

Um die enge innere Bindung der thailändischen Bevölkerung an ihre Religion, den Buddhismus, besser zu verstehen, soll zunächst die historische Entwicklung dieser Glaubensrichtung kurz beleuchtet werden.
Der Ursprung des Buddhismus geht auf den Lebensweg des Prinzen von Kapilavastu, Siddhartha Gautama, im indi-

schen Himalaja zurück. Trotz des großen Reichtums seiner Eltern begab er sich aus einer inneren Unruhe heraus auf Reisen, um nach Erfüllung zu suchen. Dabei traf er auf einen hinfälligen Greis, einen fiebergeschüttelten Kranken, einen verwesenden Leichnam und schließlich auf einen asketischen Mönch.
Diese „Vier Zeichen", wie der Prinz die Begegnungen mit Alter, Leid, Tod und der Suche nach Wahrheit deutete, rührten ihn derart, daß er dem luxuriösen

Leben im Palast entsagte und sich von seiner Frau und dem neugeborenen Sohn trennte.

Er versuchte, sich fortan von allen weltlichen Lastern freizumachen, indem er sich auf die Suche nach einem besseren Weg für die Menschheit begab – einen Weg, wie er alle Menschen von den sie umgebenden Leiden befreien könnte.

Aufnahmezeremonie junger Mönchsnovizen, Mae Sot

Siddhartha Gautama studierte ausführlich die damals bestehenden Lehren, die zu der Zeit in Indien vornehmlich hinduistisch geprägt waren. Noch heute finden sich daher viele hinduistische Elemente im Buddhismus wieder. Nach etwa fünf Jahren strenger Askese erkannte er, daß dies nicht der Weg zur Erfüllung sein könnte, und widmete sich fortan der intensiven Meditation. Im Zustand der tiefen Meditation kam ihm im Alter von 35 Jahren in einer Mainacht unter einem Feigenbaum (Bodhi Baum) nahe der Stadt Uruvela die Erleuchtung. Dies geschah im Jahre 543 v. Chr. und begründete den Beginn der buddhistischen Zeitrechnung. Daher ergibt sich in Thailand die Jahreszahl 2538 für unser Kalenderjahr 1995.

Der Begriff „Buddhismus" geht auf die Tatsache der Erleuchtung (bodhi) zurück. Buddha, der Erleuchtete, erkannte in jener Nacht den Kreislauf der Wiedergeburten aller Lebewesen und konnte im Moment der Erleuchtung den Versuchungen des Teufels (mara) widerstehen. Mit seiner ersten Predigt, die er vor fünf seiner Wegbegleiter aus der asketischen Zeit hielt, setzte Buddha das „Rad der Lehre" (Chakra) in Bewegung. Die Lehre behandelt den leidvollen Weg der Reinkarnationen aller Lebewesen, bis sie irgendwann das Nirwana (Verwehen, Verlöschen), den Zustand des zeitlosen Nichtleidens, erreichen. Durch gute Taten kann das Karma (das Werk, die Tat, das Tun) – eine Gegenüberstellung der guten und bösen Taten im Leben – verbessert und somit das Nirwana erreicht werden. Der Weg zum Nirwana führt über die Erkennung der „vier heiligen Wahrheiten" und über den „edlen achtfachen Pfad".

Die edlen vier Wahrheiten:
- Alles Leben ist Leiden.
- Alles Leiden wird durch Begierden hervorgerufen.
- Das Leiden kann durch die Zerstörung der Begierde beendet werden.
- Die Begierden und Leiden können durch das Begehen des edlen achtfachen Pfades zerstört werden.

Der edle achtfache Pfad:
- Erkenntnis (das Erkennen der Grundprobleme aller Existenzen)
- Rechtes Denken (denken ohne zu verletzen, edle Gedanken hegen)
- Rechte Rede (reden, ohne zu verletzen oder die Unwahrheit bzw. aus eigennützigen Motiven zu sprechen)
- Rechte Taten (nicht töten, nicht stehlen)
- Rechte Bestrebung (mit eigener Kraft die eigenen unheilvollen Gedankenströme überwinden)
- Rechte Aufmerksamkeit (durch Meditation und Kontemplation die Selbsterkenntnis erlangen)
- Rechte Konzentration (Konzentrationskraft für einen Gedanken aufwenden, ohne davon abzukommen)

Die Wegbegleiter folgten Buddha und wurden die ersten fünf buddhistischen Mönche. Buddha, der sich selbst als predigender Lehrer und nicht als einen Gott sah, konnte durch seine gütige Ausstrahlung in Indien immer mehr Anhänger gewinnen. Unterstützt wurde er von einer ständig wachsenden Zahl Mönche und dem seinen Lehren freundlich gesonnenen König Bimbisara. Buddha starb etwa im Alter von 80 Jahren, obgleich der Begriff „starb" im buddhistischen Sinne nicht ganz richtig ist. Zutreffender wäre: er ging ins Nirwana über und durchbrach den Kreislauf der leidvollen Wiedergeburten. Buddha hätte schon mit seiner Erleuchtung ins Nirwana übergehen können, verzichtete jedoch darauf, um mit seinen Lehren möglichst vielen Menschen zu helfen.

Nach seinem Tode unterstützte der mächtige indische Kaiser Ashoke die Verbreitung der neuen Religion, indem er buddhistische Mönche aussandte, die die Lehren nach Südostasien und auch nach Thailand brachten.

Die schnelle Ausbreitung des Buddhismus führte zu verschiedenen Interpretationen der ursprünglichen Lehre. Das Theravada (Ansicht der Alten) ist die Form der reinen strengen buddhistischen Lehre, die mit dem etwas verachtenden Namen Hinayana (kleines Fahrzeug) benannt wurde. Mit dem kleinen Fahrzeug können angeblich nur wenige Menschen ins Nirwana gelangen. Die heilige Schrift des Theravada-Buddhismus ist der sogenannte „Dreikorb", eine Schriftensammlung, die den Korb der Ordensdisziplin, den Korb der Lehrenden und den Korb der höheren Lehrbegriffe umfaßt. Die Schriften sind in der alten, mittelindischen Pali-Sprache verfaßt.

Neben dem Hinayana bildete sich die Form des Mahayana-Buddhismus (großes Fahrzeug). Mit dem großen Fahrzeug konnten, bildlich dargestellt, viele Menschen das Nirwana erreichen. Neben Buddha existiert in der toleranteren Mahayana-Form eine Reihe Bodhisattvas, die selbst auf das Eingehen ins Nirwana verzichten, um den Menschen auf ihrem Weg zur Leidenserlösung behilflich zu sein.

Orakelbefragung zum Gelingen des Tages

In Thailand ist König Bhumipol das religiöse Oberhaupt des Landes; er hat die verfassungsrechtliche Pflicht, alle Religionen zu schützen und Schänder von heiligen Stätten strafrechtlich zu verfolgen. Neben den Buddhisten sind in Thailand Christen, Hindus, Sikhs und Moslems vertreten. Die Moslems sind vornehmlich in den südlichen Provinzen angesiedelt, wo sie teilweise über 50% der ansässigen Bevölkerung ausmachen. Das Ziel der strenggläubigen Buddhisten liegt darin, auf Erden Gutes zu tun, Böses zu vermeiden und das eigene Herz rein zu halten. Ein Ritual der guten Taten (tham buun) kann in den frühen Morgenstunden fast überall in Thailand beobachtet werden. Dann ziehen die orange gekleideten Mönche durch die Straßen und geben der Bevölkerung Gelegenheit, ihre gute Tat des Tages zu verrichten: Die Mönche erhalten von den Einwohnern Speisen und Getränke. Mit guten Taten an so reinen Menschen, wie die Mönche in Thailand verstanden werden, können die Einwohner etwas für ihr persönliches Karma tun.

Den gläubigen Buddhisten werden viele ihrer Laster, die durch Bedürfnisse entstehen, mit eigener Unwissenheit erklärt. Die Kraft der Meditation soll den Buddhisten helfen, das eigene Sein besser zu verstehen, um so mit Gutem und Bösem umgehen zu können. Zur Vorbereitung gehen thailändische Männer in der Regel einmal in ihrem Leben für drei Monate in einen Wat – eine buddhistische Tempelanlage. Dort widmen sie sich konzentriert den buddhistischen Lehren. Sie können freiwillig länger im Wat bleiben und den Zeitpunkt des Austrittes frei entscheiden. Es gibt in Thailand rund 300 000 Mönche, die sich auf

In Thailand sind heute etwa 95% der Bevölkerung Buddhisten, von denen fast alle die Theravada-Lehren befolgen. Der Hinayana-Buddhismus (auch Buddhismus des Südens – Sri Lanka, Thailand, Burma, Laos, Nepal und Kambodscha) kam über Südindien und Sri Lanka nach Thailand und wurde dort zur Staatsreligion. Lediglich 1% der thailändischen Buddhisten sind Anhänger der Mahayana-Form. Das zentrale Verbreitungsgebiet des Mahayana-Buddhismus, auch nördlicher Buddhismus, liegt überwiegend in Zentral- und Ostasien, Tibet, der Mongolei, China, Korea und Japan.

ca. 27 000 Wats verteilen, aber auch Nonnen, die an ihrer weißen Kleidung und der kurzen Haartracht zu erkennen sind.

Der Buddhismus ist von vielen Elementen des polytheistischen Hinduismus und des brahmanischen Glaubens beeinflußt. Die tieferen, philosophischen Lehren des Buddhismus waren (und sind es auch heute noch!) nur von den Gelehrten und Mönchen zu verstehen. Das einfache Volk benötigte zum besseren Verständnis ihrer Religion Götter, denen es sich anvertrauen konnte. Noch heute sind viele Götterfiguren, die von den Thailändern angebetet werden, in den buddhistischen Tempeln zu finden. Eine der Hauptgottheiten aus der hinduistischen Mythologie ist Vishnu (in Tempeln häufig mit vier Händen und vier Gesichtern zu sehen!). Auch die Verehrung der thailändischen Könige basiert u. a. auf der Auffassung, sie seien eine Reinkarnation des Gottes Vishnu. Insgesamt sieht der Buddhismus alle Götter als Beschützerwesen ihrer Religion.

Für alles, was den Menschen unerklärlich scheint, müssen Geister – es gibt gute und böse – zuständig sein. Noch heute ist in Thailand der Geisterglaube weit verbreitet und allgegenwärtig. Es wird im wesentlichen zwischen Totengeistern und Naturgeistern unterschieden. Vor den Totengeistern (sie sind meist böse!) kann man sich mit Tätowierungen oder Amuletten schützen. Die Naturgeister beeinflussen bestimmte Gebiete, Provinzen, Wälder, Städte oder Wohnungen.

Geisterhäuschen auf Ko Samui

Um sie bei Laune zu halten, stehen auf jedem Grundstück kleine Geisterhäuschen, in denen die guten Geister mit bereitgestellten Gaben in Form von Essen und Früchten versorgt werden. Dafür sollen sie jegliches Unheil vom Haus fernhalten. Die guten Geister, die über die Städte wachen, werden in Tempeln beim Grundstein der Stadt verehrt.

In den thailändischen Wohnhäusern herrschen hinsichtlich des Geisterglaubens besondere Gesetze. Thailänder treten nie auf die Türschwelle eines Hauses, sondern überschreiten diese immer würdevoll, um die guten Geister nicht zu vergrimmen. Den Töchtern wird von Kindheit an ein graziler Gang anerzogen, denn die anmutigen Bewegungen erfreuen anscheinend sogar Geisterherzen.

Allgemein soll es Unglück bringen, mittwochs zum Friseur zu gehen oder ein Dokument mit einem roten Stift zu unterschreiben. Letzteres kann nach Meinung der streng Geistergläubigen sogar den Tod bedeuten, was sich von der Sargverzierung mit einem roten Namensschriftzug ableitet.

Wenn auch nicht alle Thailänder an die Macht der Geister glauben, halten sie sich dennoch an die Rituale, um einem bösen Geistereinfluß vorsichtshalber aus dem Wege zu gehen. Das Wissen um die geheimnisvollen Mächte kann auch ausländischen Besuchern helfen, die vielen zunächst merkwürdig erscheinenden Verhaltensweisen der Thailänder besser einzuordnen und ihr eigenes Verhalten darauf einzustellen.

Kao Sok Nationalpark: Naturerlebnis pur …

Wirtschaft, Mensch und Natur

Thailand zählt zu den Ländern, die einfach alles haben, was sich ein Urlauber erträumt: ein angenehmes Klima, strahlend weiße Strände, blaues Meer mit wunderschönen Rifflandschaften, Dschungel, Regenwald, freundliche Menschen und eine der weltbesten und vielfältigsten Küchen. Nicht zu vergessen ist auch der Eindruck der fremdländischen asiatischen Kultur mit ihren prächtigen Tempeln und geheimnisvollen Statuen von Göttern und Dämonen. Dennoch sollte der Zwei-Wochen-Urlauber nicht die Augen vor den Problemen des Landes verschließen. Der Tourismus

führt mit Einnahmen von über vier Milliarden US$ jährlich die Liste der Devisenbringer deutlich an. Das Land fördert mit gezielten Maßnahmen die weitere Ausdehnung des Besucherstroms, um mit dem Devisenüberschuß die Entwicklung der eigenen Wirtschaft effektiv zu subventionieren. Die zunehmende Industrialisierung des Landes brachte zwangsläufig auch eine Produktivitätssteigerung der Landwirtschaft mit sich. So wurden viele Reisfelder über den Eigenverbrauch hinaus auch für den Export angelegt. Unter dem Einsatz von Pestiziden stiegen die jährlichen Ernten. Davon profitierten insbesondere die Großgrundbesitzer, denn die Kleinbauern konnten sich die teuren Dünger nicht leisten. Die Folgen waren Verpfän-

... mitten im tropischen Regenwald im Kaeng Krachan

dungen, Landverkauf und ein Leben am Rande des Existenzminimums. Die Großgrundbesitzer konnten ihren Reichtum ausbauen, vereinnahmten das Land der kleinen Bauern und schufen sich neue Bebauungsflächen, indem sie große Areale des tropischen Regenwaldes abholzen ließen. Dadurch florierte zusätzlich der Markt mit den weltweit begehrten Edelhölzern. Der Rückgang des thailändischen Regenwaldes und die damit verbundene Reduzierung vieler Lebensräume nahmen ihren Lauf. Das Elend der Kleinbauern wuchs unaufhörlich, so daß sie in ihrer Not sogar ihre Töchter an skrupellose Vermittler zur Prostitution nach Bangkok verkauften, um das Überleben der Familie zu sichern. Die Entwicklung der Mensch-Natur-Beziehung stellt in Thailand eine tödliche Spirale dar. Die Auswirkungen der fortschreitenden Industrialisierung drücken auf die Natur. Erdrutsche und Überschwemmungen mit zahlreichen Toten forderten ihren Tribut an den ständigen Raubbau. Der unaufhörliche Bedarf der westlichen Welt nach Tropenhölzern hat dazu geführt, daß mittlerweile im Norden Thailands einige Bergketten komplett abgeholzt sind. (Man vergegenwärtige sich immer, daß nur noch 10% des ursprünglichen Waldbestandes vorhanden sind!) Es ist anzunehmen, daß diese letzten 10% thailändischer Waldfläche jetzt auf längere Sicht erhalten bleiben, denn die Fläche stimmt genau mit den zu Naturschutzparks erklärten Gebieten überein. Neben der natürlichen Waldfläche erstrecken sich die nutzwirtschaftlichen Plantagen. Eukalyptus-, Gummibaum- und Ölpalmbepflanzungen machen etwa 12–15% der gesamten thailändischen Fläche aus. Hinzu

kommt der zunehmende Anbau von Rambutan- und Durianbäumen, so daß Thailand dem Besucher durchaus als ein „grünes Land" erscheinen mag.
Die Gefährdung der Natur erstreckt sich auch auf die Gewässer, die durch den vermehrten Einsatz von Düngern und Pestiziden kontaminiert werden. Insbesondere im Süden und in Zentralthailand entstehen immer mehr Shrimp-Farmen. Die Garnelen, die dort gezüchtet werden, dienen in erster Linie dem weltweiten Export. Um das Geschäft lukrativ zu halten, werden die Tiere mit großen Mengen Antibiotika, das unter das Futter gemischt wird, bei bestmög-

lichster Gesundheit gehalten. Nachdem die Nahrung für die Garnelen aus dem Wasser aufgebraucht ist, versickern die verseuchten Abwässer direkt im Erdreich. Damit versiegen die zusätzlichen Nahrungsquellen in den überfluteten Reisfeldern, in denen einst kleine Fische und Krustentiere lebten. Auf den Inseln entläßt man das Abwasser der Shrimp-Farmen in die Flüsse oder ins Meer. Somit weitet sich das Fischesterben zwangsläufig auf die einst sauberen Flüsse aus, die zur Wasserversorgung der Bevölkerung dienten. Ferner bedrohen die Abwässer schon verschiedene Regionen des Golfes von Siam und der Andamanensee. Die durch „Shrimp farming" entstehende Grundwasserverunreinigung gefährdet zusätzlich die Trinkwasserressourcen, auf welche die Bevölkerung und in den Urlaubsorten auch viele Touristen angewiesen sind. Extra angelegte Staudämme stehen leer und in den Reisfeldern weist das Wasser für die Bauern einen großen Verschmutzungsgrad auf. Dort versucht der König, mit einem neuen Projekt Abhilfe zu schaffen. Zuchtstationen mit Tilapia Fischen, die sich von Unkraut und Insektenlarven ernähren, werden errichtet. In den Reisfeldern ausgesetzt, sollen diese Fische dann den Reisbauern wieder als zusätzliche proteinhaltige Nahrungsquelle dienen.

Die großen Probleme der ländlichen Bevölkerungschichten spiegeln sich eindrucksvoll in der zunehmenden Abwanderung in die größeren Städte wider. Das bunte Leben der Großstadt und die Aussicht auf schnell verdientes Geld scheint vielen jungen Thailändern erstrebenswerter, als sich mit dem harten bäuerlichen Alltag auf dem Lande auseinanderzusetzen. Wohin das führt, zeigen die ständig wachsenden Slums am Rande Bangkoks.

Das Schwellenland Thailand auf dem Weg vom Entwicklungsland hin zum Industriestaat zieht mit seinem wirtschaftlichen Aufschwung weitere soziale Veränderungen nach sich. Der traditionell gewachsene Familienverband zersplittet in einem schleichenden Prozeß, weil auch neue Ausbildungswege eine örtliche Veränderung einzelner Familienmitglieder erfordern. Der altgewohnte

Bauern auf Reisfeldern in Südthailand

Drei-Generationen-Haushalt unter einem Dach wird seltener, und die Kinder, die einst für den Lebensunterhalt der Eltern und Großeltern sorgten, befinden sich nicht mehr vor Ort. Bestes Beispiel sind die Einwohnerzahlen Bangkoks, wo heute bereits ca. 15% der gesamten Landesbevölkerung wohnen. Zu den offiziell gemeldeten 8 Mio. Einwohnern gesellt sich laut Schätzungen ungefähr noch einmal die gleiche Anzahl Menschen hinzu, die ihr jämmerliches Dasein am Rande der

Gesellschaft fristen. Die Hoffnung auf bessere Einkünfte in der Großstadt verflüchtigt sich am Ort schnellebiger Geschäfte und endet häufig im Milieu zwielichtiger Geschäftemacher. Die große Zuwanderungsrate Bangkoks läßt die Hauptstadt langsam aber sicher aus den Nähten platzen und belegt sie mit weiteren Zivilisationsproblemen. Mehr als eine Million Autos quälen sich durch die Straßen. Jeder, der einmal mit dem Taxi vom Flughafen zu einem Hotel in

Oben:
*Beliebtes Fotomotiv: die palmengesäumten
Strände in Thailand*

Linke Seite:

*Links:
Traditionelles Handwerk in Thailand:
Bronzewarenherstellung …*

*Rechts:
… und Töpferkunst*

der Innenstadt gefahren ist, kann das Verkehrschaos mit eigenen Augen verfolgen.

Zu den Problemen des sich schnell entwickelnden Landes zählen neben dem Wandel der Gesellschaft, dem Raubbau der eigenen Ressourcen und der Verdrängung natürlicher Lebensräume in der Natur auch die bisher undurchführbare Geburtenkontrolle, die zunehmende Korruption und die sich ständig ausbreitende Prostitution. Ob das Geld, das der Tourismus nach Thailand bringt, zur Lösung dieser Problemfelder beitragen kann oder sie noch weiter verstärkt, sei dahingestellt.

Daraus folgt aber nicht der Verzicht auf jeglichen Tourismus – ganz im Gegenteil. Wichtiger denn je wird es in unserer Zeit, daß wir uns der Problemfelder in dem Land, das wir bereisen, bewußt werden und unsere Augen davor nicht verschließen. Nur wenn wir uns vorher über ein Urlaubsland etwas informieren, können wir unsere Gastgeber besser verstehen und auch respektvoll mit ihnen und mit der Natur unseres Gastgeberlandes umgehen. Thailand kann seinen Besuchern nach wie vor Urlaubsträume vermitteln – denn es gibt sie immer noch: die weißen, palmengesäumten Strände, die versteckten Wasserfälle im Dschungel und die natürlich lächelnden Menschen, die zufrieden mit ihrer Umwelt leben.

Umwelt und Tourismus

Die jährlichen Besucherzahlen Thailands liegen deutlich über fünf Millionen und wachsen ständig. Davon entfällt ungefähr ein Drittel auf europäische Gäste. Insgesamt bringen die Touristen jedes Jahr mehr als sieben Milliarden DM ins Land. Das Tourist Office steigert diese Zahlen mit weiteren Werbekampagnen erfolgreich und suggeriert der Bevölkerung eine sichere und sorglose Zukunft mit der zunehmenden Verwestlichung thailändischer Lebens- und Verhaltensweisen. Solche Entwicklungen können für die Menschen und die Natur Thailands nicht ohne Folgen bleiben, da die Tourismus-Politik ständig bestrebt ist, neue Gebiete zu erschließen. Immerhin versucht die Regierung aus der Erfahrung alter Projekte, wie Pattaya oder Phuket, Tourismus und Natur mehr in Einklang zu bringen: Bungalows dürfen nicht mehr direkt an den Stränden errichtet werden, die Höhe der Haus- und Hotelbauten sollte die Palmengrenze nicht mehr überschreiten und den Hotelbetrieben wurden hinsichtlich der Naturbelastungen Restriktionen auferlegt. Leider ist abseits der Touristenhoch-

Den ersten Booten mit Travellern, hier Ko Lanta ...

burgen die Einhaltung dieser Vorgaben recht halbherzig – man beobachte nur die Entwicklungen auf Ko Pee Pee …

Neben der Beherbung und Bewirtung der Touristen, woraus die Primärprobleme – so möchte ich sie einmal nennen – hervorgehen, entstehen mit der raschen Entwicklung der Zulieferindustrien zur Bewältigung der Bedürfnisse schnell steigender Besucherzahlen weitere Sekundärprobleme.

Eines der größten Primärprobleme ist sicherlich eine sinnvolle Müllentsorgung. Bestand vor dem Industrialisierungsprozeß und dem Einzug der Touristen der Müll noch vorwiegend aus natürlich abbaubaren Produkten, so belasten heute unzählige anorganische Müllsubstanzen die Natur. Für die dringend notwendige Erarbeitung und Entwicklung von zielorientierten Entsorgungsplänen bleibt im Rennen um die Devisen leider so gut wie keine Zeit mehr. Hinzu kommt die mentale Umstellung vom ehemals einfachen „Wegwerfmüll", der früher bedenkenlos dem Zersetzungsprozeß des Meeres oder der Erde anvertraut wurde, hin zum Abfall mit einem hohen Anteil an „Problem- und Sondermüll", der heute nicht mehr auf natürlichem Wege

… folgen schnell große „Touristendampfer" (Ko Pee Pee)

abgebaut werden kann. Unter dem Aspekt des Naturschutzes muß die Entsorgung des Problem- und Sondermülls dringend sorgfältiger durchdacht werden. Ansonsten fällt die nachhaltige Schädigung der Natur wieder auf den Menschen zurück. So gibt es in Pattaya aufgrund der vielen Giftstoffe in dem

fahrlässig beseitigten Müll große Grundwasserprobleme. Das macht gezielte staatliche Maßnahmen und Kontrollorgane zur Durchsetzung effektiver Naturschutzerlasse wichtiger denn je. Und genau an dieser Stelle ruft es auch die verantwortungsvolle Unterstützung der Touristen auf den Plan. Einige Anregungen, wie man wirkungsvoll mithelfen kann, findet der engagierte Leser am Ende dieses Kapitels.

Die Sekundärprobleme basieren auf der Ausbreitung der Zulieferindustrien, die der wachsende Besucherzustrom des Landes entstehen läßt. Es werden immer mehr Konsumgüter benötigt, die das Land, wenn möglich, nicht importiert, sondern selbst erzeugt – oder in Zukunft erzeugen möchte. Die dafür notwendigen Produktionsflächen drängen den natürlichen Lebensraum von Pflanzen und Tieren immer weiter zurück und bedrohen sogar den Bestand ganzer Arten. Insbesondere die größeren freilebenden Tiere, wie Elefanten, Tiger, Leoparden und Bären, finden kaum noch die überlebenswichtigen Reviergrößen und werden deshalb immer seltener. Daneben bedrohen der Export von Naturgütern und die Ausbreitung der Infrastruktur zunehmend die Natur. Neuerdings werden in Thailand immer mehr der noch bewaldeten Gebiete zu Naturschutzparks erklärt, um dem Abholzen des natürlichen Waldbestandes entgegenzu-

Links:
Unberührte Unterwasserlandschaft

Rechte Seite:
Vom ursprünglichen Waldbestand
gibt es nur noch 10%

treten. Immerhin sind von den 87% gerade noch 10% übrig geblieben! Thailand importiert jetzt geschlagenes Holz zur Weiterverarbeitung aus den Nachbarländern Burma und Laos. Die Regierung engagiert sich also aktiv, um die Natur in ihren Restbeständen und damit auch den Wirtschaftsfaktor „Tourismus" zu erhalten. Allerdings stellen solche Maßnahmen nur eine geographische Umverteilung der Probleme dar.

Tips zum Umweltschutz

Verzichten Sie auf den Kauf von Souvenirs bedrohter Tiere und Pflanzen. Das Washingtoner Artenschutzabkommen verbietet ohnehin deren Import nach Europa.

Kaufen Sie keinen Schmuck aus schwarzen oder roten Korallen, Schildkrötenpanzer und Muscheln.

Igelfische als Lampenschirme sind megaout

Kaufen Sie keine getrockneten präparierten Meerestiere. Igelfische sind als Lampenschirme geschmacklos!

Nehmen Sie als Taucher oder Schnorchler keine Muscheln aus dem Meer. Auch leere Muscheln dienen einigen Meeresbewohnern, wie zum Beispiel Einsiedlerkrebsen, als Behausung.

Hinterlassen Sie bei Dschungeltouren nur Ihre Fußabdrücke und nehmen Sie Ihren Müll wieder mit zur Hotelanlage.

Brechen Sie unter Wasser keine Korallen ab und stellen Sie beim Tauchen stets die Beobachtung in den Vordergrund. Verzichten Sie als Unterwasserfotograf zugunsten einer intakten Rifflandschaft lieber einmal auf ein Foto.

Nehmen Sie keine Eingriffe in natürliche Verhaltensweisen vor. Muränen- und Haifütterungen sind Sensationen der Vergangenheit, ebenso Schildkröten- und Mantareiten.

Trinken Sie Softdrinks, Bier und Mineralwasser nur aus Pfandflaschen. Noch besser schmeckt Bier natürlich aus dem Faß …

Jagen Sie nie in der Natur zum reinen Vergnügen.

Nehmen Sie mitgebrachte Batterien und Plastikbehälter (Shampoo, Sonnencreme usw.) wieder mit nach Hause. Dort sind sie leichter zu entsorgen als am Urlaubsort; schließlich hatten diese Gegenstände auf der Anreise auch ihren Platz im Koffer.

Streifzug durch die Natur

Thailand liegt in einem Übergangsgebiet verschiedener zoogeographischer Zonen, was die Entwicklung einer reichhaltigen Fauna und Flora begünstigt hat. Im Süden findet man vorwiegend Arten der feuchtheißen Tropen, die vielfach auch im Nachbarland Malaysia vorkommen.

Ostthailand hingegen zählt zum indochinesischen (ähnlich wie die angrenzenden Länder Kambodscha und Vietnam), Westthailand zum indisch-burmesischen Faunen- und Florenbereich. In Nordthailand findet man schließlich Arten, die auch in den temperierten, teilweise kühleren Gebieten Chinas und Laos' beheimatet sind.

Ein allgemeiner Überblick verdeutlicht eindrucksvoll, wie vielfältig die Pflanzen- und Tierwelt des Landes ist. Man schätzt, daß in Thailand etwa 20 000 bis 25 000 einheimische Gefäßpflanzen wachsen. Es gibt etwa 500 Baum- und

mehr als 1000 Orchideenarten. Mindestens 300 Reptilien-, 100 Amphibien-, 600 Süßwasserfisch- und mindestens 900 Vogelarten kommen in Thailand vor. 282 der weltweit etwa 4000 Säugetierarten durchstreifen die thailändischen Landschaften. Auch für Taucher gibt es in den küstennahen Gewässern des Landes viel zu entdecken: etwa 850 verschiedene Arten tropischer Meeresfische können an den Riffen bewundert werden. Dazu gesellen sich noch unzählige Arten aus der großen Gruppe der Niederen Tiere, wie beispielsweise Tintenfische, Quallen, Seesterne u. v. m.

Die Tierwelt

Wer sich in Thailand ganz gezielt der Beobachtung von Tieren widmen möchte, dem bieten die vielen Naturschutzparks und Wildreservate gute Möglichkeiten. Von Phuket aus starten sogar speziell geführte Naturbeobachtungsexkursionen in deutscher oder englischer Sprache unter der Leitung von South Nature Travel. Bei diesen Ausfahrten können auch Fotografen mit etwas Glück schöne Schnappschüsse machen. Außerhalb der Naturschutzparks ist die Beobachtung von wilden Tieren schon etwas schwieri-

Die Zahl der Elefanten (Elephas maximus) geht drastisch zurück

ger, denn der natürliche Lebensraum der ohnehin scheuen Dschungelbewohner ist durch den Menschen stark reduziert worden. Zusätzlich fielen die meisten Großwildarten illegalen Jägern zum Opfer, die selbst vor den Grenzen von Schutzgebieten nicht halt machten. Es bedarf also schon einer gewissen Portion Glück, größere Tiere in freier Wildbahn zu sehen.

Viele der großen Wildtierarten (Javanashorn, Schomburgkhirsch, Kouprey) sind ausgestorben oder überleben nur noch in einigen unzugänglichen Gebieten an der Grenze zu Burma und Kambodscha,

so auch das seltene Sumatranashorn, der Gaur – ein Wildrind – und der Tiger. Es gibt aber auch positive Nachrichten. So wurden Ende 1993 in einem Wildreservat in Chachoensao einige Süßwasserkrokodile wiederentdeckt, die bereits als ausgestorben galten. Die beste Chance, Krokodile anzutreffen, besteht in den Sumpfgebieten des Menam Deltas, wo es noch viele bis zu 6 m lange **Leistenkrokodile** (Crocodylus porosus) gibt.

Elefanten (Elephas maximus) trifft man eigentlich nur noch im Norden Thailands an, wo sie zu Arbeitstieren herangezogen werden. Ihr Arbeitsleben be-

Tiger sind in Thailand kaum noch zu beobachten

ginnt im Alter von etwa 16 Jahren. Dann sind Elefanten erwachsen und können die Befehle ausführen, die sie in einer sechsjährigen Ausbildung von ihren Führern, den Mahouts, gelernt haben. Ein Arbeitselefant kann problemlos 400 kg schwere Lasten heben und Bäume von mehr als einer Tonne Gewicht bewegen. 1990 gab es in Thailand etwa 5000 Arbeitselefanten. In den südlichen Nationalparks sind vereinzelt noch wildlebende Elefanten beheimatet.

Tiger *(Panthera tigris)*, von denen weltweit noch schätzungsweise 4000 bis 5000 Tiere leben, zählen zu den bedrohtesten Arten überhaupt. Bedenkt man, daß Tiger überwiegend Einzelgänger

Makaken bevorzugen das Dickicht des Urwalds

sind und ein ausgewachsenes Männchen ca. 55 km^2 als eigenes Revier beansprucht, wird der Rückgang dieser faszinierenden Tiere leicht verständlich. Wegen des enormen Flächenbedarfs und der Anbindung an wasserreiche Gebiete (im Gegensatz zu Leoparden) gibt es in Thailand bestenfalls in den drei bis vier größten Nationalparks (z. B. Kaeng Krachan, Tung Yai Naresuan) überlebensfähige Tigerpopulationen. Doch nicht allein die Reviergröße ist entscheidend, sondern auch die Verfügbarkeit von Beutetieren (große Wildtiere wie Hirsche, Büffel und Wildrinder) muß gewährleistet sein. Im südlichen Kao Lak Nationalpark gibt es nach Auskunft der Parkleitung gerade noch fünf Tiger.

Leoparden *(Panthera pardus)* sind überwiegend nachtaktiv und gehören daher zu den mit am wenigsten beobachteten Tieren. Tagsüber richten sie sich ihre Quartiere auf Bäumen ein, so daß sie vom Menschen auch dort unerkannt bleiben. Leoparden sind ebenfalls vom Aussterben bedroht, weil der zunehmende Rückgang des Urwaldes ihren Lebensraum immer weiter eingrenzt.

So könnte eine ganze Auflistung bedrohter Tierarten folgen. Am meisten sind diejenigen gefährdet, die als erstes mit einem „Dschungelbesuch" in Verbindung gebracht werden, wie Elefanten, Tiger, Nashörner und Affen. Und genau diese verschwinden zunehmends. Wer in den abgelegenen Gebieten Affen zu Gesichte bekommt, vielleicht **Makaken** oder **Gibbons,** die hin und wieder durch das Geäst dichter bewaldeter Parks klettern, darf sich glücklich schätzen.

Für ornithologisch Interessierte ist es bei weitem einfacher, in Thailand fündig zu werden. Sie können **Kraniche** ent-

Oben:
Skolopender (Unterklasse Chilopoda)
werden bis 26 cm groß –
Bisse können sehr schmerzhaft sein

Links:
Im Kaen-Krachan-Nationalpark ist der
Große Nashornvogel (Buceros bicornis)
zu sehen

decken, Reiher, die den Wasserbüffeln lästige Parasiten aus der Haut zupfen, aber auch winzige **Kolibris**, die von einer Blüte Nektar naschen. **Reiher** können nicht nur an Seen, sondern auch an den Küsten auf dem Riffdach beobachtet werden, wo sie häufig nach Nahrung suchen. Verbreitet sind auch die **Eisvögel** und die **Mynas**. Extrem selten sind dagegen die brillant gefärbten **Pitta-Vögel**, die zumeist versteckt im Unterwuchs der Regenwälder leben. Eine in Thailand fast ausgestorbene Art, der Gounrey Pitta, kommt im Khao Nor Chuchi Schutzgebuiet bei Krabi vor, einem der letzten Tieflandregenwälder des Landes. Im Tarutao und Chang Nationalpark sind vereinzelt sogar die selten gewordenen **Nashornvögel** anzutreffen.

Unüberschaubar ist die große Artenvielfalt der **Insekten.** Da sie fast 75% aller bekannten Tierarten ausmachen, sind sie natürlich auch in Thailand zahlreich vertreten. Wenngleich die Insekten vom Menschen trotz kritischer Zurückhaltung schnell als „Ungeziefer" bewertet werden und viele Arten, wie z. B. Stechmücken, Wanzen oder Kakerlaken, als lästig erscheinen, so erfüllen sie doch im Naturhaushalt wichtige Aufgaben. Beispielsweise tragen viele Insekten maßgeblich zur Erhaltung der Pflanzenwelt bei. Die meisten Pflanzen, insbesondere die Wildpflanzen, sind nämlich insektenblütig, d.h., sie sind auf die Insektenbe-

Oben:
Die Gottesanbeterin (Mantis spec.) ist eine perfekte Tarnkünstlerin

Unten:
Zikaden geben schrille Pfeifftöne von sich

stäubung angewiesen, ohne die sie sich nicht mehr fortpflanzen könnten. Dadurch sind auch die Säugetiere einschließlich des Menschen in gewisser Weise von den Insekten abhängig, weil sie ohne Pflanzen nicht überleben könnten. Interessante Beobachtungen können bereits auf kleinstem Raum gemacht werden. Man schaue nur, wie schnell sich eine Ameisenstraße bildet, wenn es darum geht, ein paar achtlos liegengelassene Essensreste abzutransportieren. Die Leistungsfähigkeit ihres Körpers und ihr Kommunikationssystem sind mehr als beeindruckend. Eine besonders große Art der thailändischen Wälder, die Riesenameise, kann eine Länge von 2,5 cm erreichen.

Noch interessanter sind die Anpassungs- und Tarnformen einiger Insektenarten, wie z. B. die bizarre Körperform der Gottesanbeterin *(Mantis spec.)*. Diese merkwürdig aussehenden Wesen (siehe Abbildung) werden in Thailand sehr geschätzt, weil mit ihnen ein reicher Kindersegen verbunden wird, wenn sie einmal durchs Haus geflogen sind.

Mehr als 1200 Schmetterlingsarten sind in Thailand heimisch. Sie schillern in vielen bunten Farben und sind eine Augenweide für jeden Naturliebhaber. Der eindrucksvolle Atlasspinner kann z. B. eine Spannweite von über 20 cm erreichen.

Es gehört schon sehr viel Glück dazu, einer der scheuen **Schlangen** zu begegnen. Sie reagieren auf Bodenvibrationen und haben sich meist längst zurückgezogen, bevor man in ihre Nähe kommt. Sieht man trotzdem mal eine Schlange, dann liegt sie meist zusammengerollt auf einem Baum und schläft oder sie ist gerade auf der Flucht und schlängelt sich eilig davon.

Oben links:
Eindrucksvoll: Atlasspinner erreichen
eine Flügelspannweite von bis zu 20 cm

Oben rechts:
Danaus genutia

Mitte links und rechts:
Prachtvolle Schmetterlinge erfreuen durch
ihre bunten Farben

Unten links:
Troides aeacus

In Thailand gibt es über 100 Schlangenarten, von denen aber nur 16 giftig sind. Lediglich sechs Arten verfügen über ein Gift, das auch für den Menschen sehr gefährlich ist und manchmal auch tödlich wirken kann. Dies sind Königskobra *(Ophiophagus hannah)*, Kobra oder Brillenschlange *(Naja naja)*, Malayen-Mokassinschlange oder Malaiische Viper *(Agkistrodon rhodostoma)*, Popes Lanzenotter *(Trimeresurus popeorum)*, Kettenviper *(Vipera russelli)* und die Gestreifte Bungar, auch Bänderkrait *(Bungarus fasciatus)* genannt. Taucher können öfters **Seeschlangen** beobachten, die zwar alle höchst giftig sind, aber den Menschen so gut wie nie angreifen. Lediglich auf ihrem Weg zur Wasseroberfläche (auch Seeschlangen müssen atmen) sollten sie nicht behindert werden. Die mit acht Metern längste Schlange Südostasiens ist der Netzpython *(Python reticulatus)*, eine Riesenschlange, die ihre Opfer umschlingt und erwürgt.

Die Pflanzenwelt

Thailand war einst zu über 90% von Wald bedeckt, wobei sich zwei Hauptarten unterscheiden lassen: die immergrünen (evergreen) Wälder und die laubabwerfenden (deciduous) Wälder. 35% der Wälder gehören zur ersten Gruppe, 65% werden zu den laubabwerfenden Wäldern gezählt.

Hochgiftige Vipern (hier: Waglers Pit Viper) trifft man so gut wie nie an

Die Flammenlilie (Gloriosa superba) rankt an Bäumen und Sträuchern empor

Zu den **immergrünen Wäldern** rechnet man immergrüne und halbimmergrüne Regenwälder, Bergregenwälder, Koniferenwälder, Sumpf- (Mangroven- und Süßwassersumpf) und Strandwälder. Die **laubabwerfenden Wälder** werden in folgende Typen unterschieden: gemischter laubabwerfender Wald, trockener Dipterocarpaceenwald, Baumsavannen und Buschland. Das Vorkommen der Waldtypen wird von der Temperatur, der Menge und jahreszeitlichen Verteilung der Niederschläge sowie der Bodenbeschaffenheit beeinflußt. Grundsätzlich herrschen in heißen, relativ gleichmäßig feuchten Gebieten – wie Süd- und Ostthailand – die immergrünen Wälder vor, während in den durch lange Trockenzeiten geprägten Gebieten – wie Nord- und Nordostthailand – die laubabwerfenden Waldtypen dominieren.

Die berühmten **Teakwälder** gehören zum laubabwerfenden Waldtyp, der sich vom immergrünen Wald dadurch unterscheidet, daß viele seiner Baumarten ihre Blätter in der Trockenperiode abwerfen. Etliche Bäume stehen aber auch während der Trockenphase in Blüte, so daß zu Beginn der Regenzeit die Früchte reif sind und keimen können. In den immergrünen Wäldern werfen die Bäume ihre Blätter kontinuierlich ab, während neue Blätter unmittelbar nachwachsen. Dadurch bleibt an den allermeisten Bäumen ständig ein dichtes, grünes Blattwerk erhalten.

Oben:
Einige Farnarten (hier: Drynania spec.)
klettern an Bäumen hoch

Unten:
Die Lotosblume ist die Nationalblume
des Landes

Die beschriebenen natürlichen Lebens-
räume werden in Thailand leider zunehmends eingeengt. Durch Brandrodung
und Abholzung verminderte sich der
Waldbestand ganz erheblich. Heute ist
der größte Teil bereits Kultur- und Brach-
land, wodurch die einst unbeschreibliche
Artenvielfalt mehr und mehr zurück-
geht. Die erschreckende Bilanz zeigt
einen Rückgang der einst natürlich bewaldeten Gesamtfläche von noch 85%
in den 40er Jahren auf 17% im Jahre
1988 und nur noch 10% im Jahre 1994.
Um dieser Entwicklung, insbesondere
der des Teakholzexportes, Einhalt zu gebieten, richtete die thailändische Regierung mittlerweile 63 Naturschutzparks
und 32 Wildreservate ein, die immerhin
11,03% der gesamten Landesfläche Thailands ausmachen.
Informationen über weitere Aktivitäten
zum Naturschutz sind beim Thailändischen Fremdenverkehrsamt in Frankfurt
(siehe Seite 190) sowie unter der Adresse:
National Parks Division of the Royal Fo-
restry Departement, Phaholyothin Road,
Bangkhen., Bangkok 10900, Thailand,
Tel.: 5790529, 5794842 erhältlich.
Die natürliche Vegetation im Süden des
Landes besteht überwiegend aus tropischen Regenwald (immergrüner, halb-
immergrüner und montaner Regenwald),
der Norden zeigt dagegen aufgrund län-
gerer Trockenperioden und größerer
Temperaturschwankungen ein ganz anderes Antlitz. In den feuchten Gebieten

Oben:
Schmuckvolle Auslage in Thailand:
Lotos (Nelumbo nucifera)

Unten:
Lindenblättriger Eibisch
(Hibiscus teliaceus)

des Südens (Ranong, Satun) findet man den immergrünen tropischen Regenwald, in den stärker monsungeprägten Gebieten den halbimmergrünen Regenwald. Die Küsten, insbesondere die der Andamanensee, sind durch Mangrovenwälder geprägt. Die steilen Kalkfelsen und -berge (Pang Nga, Krabi) beherbergen eine spezielle Buschlandschaft, deren Pflanzen mit geringen Mutterboden- und Wassermengen auskommen. Um Narathiwat gibt es zudem eines der letzten Sumpfwassergebiete.

Aufgrund des gleichbleibenden Klimas und des Ausbleibens der Eiszeit auf der malaiischen Halbinsel konnte sich die Natur in aller Pracht entfalten. Der tropische Regenwald Südthailands zählt zu den artenreichsten der ganzen Welt; zugleich befinden sich dort noch Gebiete mit den letzten noch existierenden Primärurwäldern. Da die Taucher erfahrungsgemäß das südliche Thailand bevorzugen – hier liegen schließlich die besten und schönsten Tauchgebiete – soll in diesem Buch hauptsächlich auf diese Regionen eingegangen werden.

Überall begegnen dem aufmerksamen Beobachter Akazien, Sandelbäume, Kasuarinen, riesige Gummibäume, Feigen und Bambus, der insbesondere im regenreichen und immerwarmen Süden mit bis zu 20 cm täglich unvorstellbar schnell wächst. Teakholz war und ist – leider immer noch – einer der beliebtesten Exportartikel, weshalb diese Bäume

Oben:
Roseneibisch (Hibiscus rosa-sinensis)
wird als Tempelschmuck verwendet

Unten:
Aus Rotangpalmen (Calamus-Arten) werten
Rattanmöbel hergestellt

immer seltener werden. Es gab sie im Süden ohnehin nicht in der großen Zahl wie in den ehemaligen ausgedehnten (natürlichen!) Teakwäldern Nordthailands, Burmas und Laos'. Teakbäume kommen zwar bis Java vor, wachsen aber nicht in größeren Beständen im immerfeuchten Klima, sondern hauptsächlich in den laubabwerfenden Wäldern der trockenen Zonen. Selbst die Teakbaumplantagen sind in Südthailand selten geworden, obwohl die Regierung Wiederaufforstungsprojekte kräftig subventioniert. Stattdessen werden die Gelder lieber für Eukalyptusbaumplantagen genutzt, denn Eukalyptusbäume wachsen viel schneller heran. Das Holz wird hauptsächlich zur Papierverarbeitung nach Japan exportiert.

Auffällig erscheint im Süden die große Vielfalt an **Palmenarten,** wobei die bekannte Kokospalme *(Cocos nucifera)* die häufigste ist. Weiterhin findet man die Zucker- oder Palmyrapalme *(Borassus flabellifer),* z. B. um Petchaburi, und verschiedene Areca-Palmen, zu denen auch die Betelpalme *(Areca catechu)* gehört. Sie liefert die besonders bei alten Frauen beliebten Betelnüsse, die – in hauchdünne Scheiben geschnitten und zerkaut – den Speichel rot färben.

In den südlichen Provinzen an der malaiischen Grenze befinden sich ausgedehnte **Kautschuk- und Ölpalmenplantagen,** deren Produkte einen wichtigen Wirtschaftsfaktor für diese Region darstellen. Unendlich scheint für den Naturbeobachter die Vielzahl verschiedener Blu-

Kautschukplantagen bedecken große Flächen des ehemaligen tropischen Regenwaldes

men. Allein über 1000 **Orchideenarten** sind in Thailand beheimatet. Die Orchideen scheinen in Thailand, abgesehen vom Exportgeschäft, von besonderer Bedeutung, denn diese Blume findet als Schmuck bei jedem Fest Verwendung, wird als Opfergabe in Tempeln abgelegt oder inspiriert die schönheitsliebenden Thailänder zu kunstvollen Zeichnungen.

Rechts oben:
Es gibt ungefähr 1400 Dendrobium-Arten unter den Orchideen

Rechts unten:
Eine endemische Orchideenart:
Arundia graminifolia

Unten:
Der Brasilianische Kautschukbaum (Hevea brasiliensis) kommt ursprünglich aus dem Amazonasgebiet

Voller Stolz und liebevoll an kleinen Stränden ausgestellt, präsentieren die Thais auch ihre unglaubliche Vielfalt an **tropischen Früchten.** Mehr als dreißig verschiedene Sorten Bananen werden feilgeboten, angefangen von den großen Kochbananen bis hin zu den winzigen, knapp 5 cm langen, süß schmeckenden „Eierbananen". Daneben reihen sich Rambutans, Papayas, Orangen, Litschis, Mangosteen, Ananas, Pomelos und viele andere in das große Angebot ein. In Thailand lassen sich sogar „Früchtemuffel", die sonst Vitamine nur in Tablettenform zu sich nehmen, begeistern und studieren neugierig die reichhaltige Auswahl. Zur ersten Kommunikation vor Ort sind in der folgenden Übersicht der am häufigsten angebotenen Früchte die thailändischen Namen mitaufgeführt.

Tropische Früchte in Thailand

Die **Ananas** *(Ananas comosus)* – sappalot – ist ursprünglich in Brasilien beheimatet und war bereits den Indianern bekannt. Die Frucht gelangte 1590 nach Indien und verbreitete sich von dort aus in ganz Südostasien. Ananas enthält viel Vitamin B_1, B_2 und C. Ihr Saft hilft gegen Bandwurminfektionen. Südthailand ist das größte Anbaugebiet, es liefert von August bis November die süßesten Früchte. An vielen Fruchtständen sind die Ananas bereits geschält und für wenige Baht erhältlich. Oft werden sie mit Chili vorgewürzt in kleinen Plastiktüten gereicht.

Bananen *(Musa acuminata und Musa balbisiana)* – gluai – kommen in zwei Wildformen vor, aus denen die viel-

Links:
Bananenstaude mit Blüte

Rechte Seite:

Oben links:
Im Sommer ist Durian-Zeit
(Durio zibethinus)

Oben rechts:
Jackfruchtbäume (Artocarpus heterophyllus) werden bis zur 25 m hoch

Unten links:
Die Karambole (Averrhoa carambola) ist auch als „Starfrucht" bekannt

Unten rechts:
Diese Feigenart ist leider nicht eßbar

fältigen Kulturformen der Koch- und Eß-bananen hervorgegangen sind. Bananen gibt es das ganze Jahr in allen Größen. Sie werden überall angeboten: auf Märkten, Bahnhöfen, in Bussen und Eisenbahnen.

Der Inbegriff südostasiatischer Früchte ist die **Durian** (Durio zibethinus) – thurian –, deren Verkauf sich schon weithin durch ihren eigenartigen und für europäische Nasen ungewohnten Geruch ankündigt. Die Frucht besitzt eine harte, grüne und mit dicken Stacheln besetzte Schale, unter der sich das cremig süße Fruchtfleisch befindet. Eine Durian hat zwischen sechs

Linke Seite:
Durianbaum (Durio zibethinus)

Unten:
Rosenäpfel (Syzygium jambos) sind fruchtig, aber nicht jedermanns Geschmack

und acht „Fruchtstückchen" mit Kern, der nicht mitgegessen wird. Erfahrene Asiaten – man kann es kaum glauben – erkennen den Reifegrad der Frucht am Geruch. Deshalb ist es beim Kauf von Durians empfehlenswert, sich die Frucht direkt am Stand vom Verkäufer öffnen zu lassen. Das bringt die größte Trefferquote, eine optimal reife Durian zu erwerben. Die Saison der Durians reicht von April bis Juli.

Die **Jackfrucht** oder **Jackbaumfrucht** (Artocarpus heterophyllus) – khanun – sieht fast aus wie eine zu groß gewachsene Durian mit allerdings weicheren Stacheln. Halbiert geöffnet wird das cremig gelbe Fleisch ohne die großen Kerne gegessen. Jackfrüchte gibt es das ganze Jahr über. Ein ausgewachsener Jackbaum kann 220 bis 260 Früchte tragen, von denen jede 25 bis 30 kg wiegt. Das Fruchtfleisch des rosaweißen **Malabarapfels** (Eugenia malacensis) – chomphu – ist knackig und kann bis auf die kleinen Kerne komplett mit der Schale gegessen werden. Am besten schmeckt es gut gekühlt. Saison ist von April bis Juli.

Die **Mango** (Mangifera indica) – mamuang – stammt ursprünglich aus Burma und Nordindien. Die Frucht enthält viel Provitamin A und Vitamin C. Mangos werden in unreifem Zustand „sauer" mit einer scharfen Soße gegessen – oder erst in reifem Zustand, dann sind sie goldgelb und zuckersüß. In Thailand werden Mangos zusammen mit süßem Klebereis gerne als Dessert serviert. Saison ist von März bis Juni. Mangos helfen auch bei Durchfall, Erbrechen und Ruhr; Mangosaft gemischt mit Orangensaft hilft bei manchen Hautkrankheiten, Schmerzen zu lindern.

Mangosteen *(Garcinia mangostana)* – mangkhut – besitzen ein saftiges, etwas säuerlich schmeckendes Fruchtfleisch, das von einer rotvioletten, dicken Schale umgeben ist. Das Fleisch liegt in Segmenten in der Frucht, die zum Essen mehr oder weniger einfach aufgebrochen wird. Die Saison ist von April bis Dezember.

Longane *(Dimocarpus longan)* – lamyai – ähneln den Litschis. Ihre zähe braune Schale beinhaltet das glasig süße Fruchtfleisch. Saison ist von Juli bis Oktober.

Die bis zu 40 cm lange, gelborangegrüne **Papaya** *(Garica papaya)* – malako – ist melonenförmig und kann bis zu 5 kg schwer werden. Man schneidet sie der Länge nach auf, entfernt die Kerne und gibt zur „Geschmacksveredlung" etwas Zitronen- oder Limettensaft auf das Fruchtfleisch. Die Saison ist ganzjährig. Bei Magenverstimmung kann ein Brei aus den zermalenen schwarzen Kernen Linderung verschaffen. Für Taucher und Schnorchler hat die Papaya noch eine besondere Bedeutung: Sie hilft acht bis zwölf Stunden aufgelegt recht wirkungsvoll gegen Seeigelstiche!

Pomelo *(Citrus maxima)* – som-o – ist eine beliebte Frucht in Thailand, die es das ganze Jahr über gibt. Sie erinnert an eine Riesengrapefruit, die zwar süßer, dafür aber weniger saftig ist. Sie wird auch genau wie eine Grapefruit gegessen. Eine runde rotgrüne Frucht mit weichen langen Stacheln ist **Rambutan** *(Nephelium lappaceum)* – ngoh –. Sie hat ein süßes, saftiges Fruchtfleisch mit einem Kern unter der Schale; geschmacklich erinnert sie ein wenig an die bei uns bekannteren Litschis. Der Verkauf erfolgt meist kiloweise. Saison von Juni bis September.

Sapote *(Manilkara zapota)* – lamut – ist eine pflaumenartige Frucht mit einer braunen Haut und zuckersüßem Fleisch. Auch bei dieser Frucht, die das ganze Jahr erhältlich ist, werden die Kerne nicht gegessen.

Der **Zimtapfel** oder **Zuckerapfel** *(Annona squamosa)* – noyna – sieht aus wie ein unförmiger, buckliger, hellgrüner Apfel und schmeckt sehr süß. Die Blüten ähneln Magnolien, die Frucht ist eine Sammelbeere. Einziger Nachteil: Zimtäpfel erfordern wegen der großen Zahl kleiner Kerne viel Geduld beim Essen. Saison ist von Juli bis September.

Natürlich gibt es auch noch die uns bekannten **Wassermelonen** *(taeng mo)*, **Orangen** *(som)* und **Pampelmusen** *(som oh)*. Für Feinschmecker sei an dieser Stelle noch ein Hinweis gegeben: Aus den Früchten läßt sich unter Zugabe von Orangensaft, Zucker, Limonade (wenn verfügbar auch Sekt) und Mekong eine hervorragende Bowle zaubern.

Rechte Seite:
Papayabäume (Garica papaya)
geben reiche Ernte

Unten:
Rambutanfrüchte (Nephelium lappaceum)
sind zuckersüß

Leben im Meer

Tropische Meeresfische in Thailand

In den thailändischen Gewässern, insbesondere in der Andamanensee, tummelt sich eine große Artenvielfalt tropischer Meeresfische. Ein repräsentativer Querschnitt der Fische, denen der Taucher an den Riffen begegnen kann, wird in diesem Kapitel vorgestellt. Freilich können nicht alle Fischarten, die es dort gibt, beschrieben werden. Wer Genaueres wissen möchte, findet im Literaturverzeichnis (siehe Seite 213) Hinweise auf weiterführende Literatur zur Fischbestimmung. Auch auf eine Beschreibung der vielen „Hochseefische", seien es Haiarten, die in der Regel die Riffnähe meiden, Marlins oder Sailfische, wird in diesem Kapitel nicht eingegangen.

Bei der gezielten Beobachtung fällt auf, daß die Fische an den Tauchplätzen um Phuket und den Similan Inseln etwas zutraulicher sind als an den Plätzen, wo weniger getaucht wird. Mit etwas Geduld bei der Beobachtung und vorsichtiger, langsamer Annäherung verlieren die Fische manchmal ihre anfängliche Scheu und nähern sich ihrerseits neugierig den Tauchern. Dieses Verhalten konnte ich bei den faszinierend bunten

Linke Seite:
Unterwasserlandschaft der Andamanensee

Unten:
Unterwasserlandschaft im Südchinesischen Meer

Ringelkaiserfischen *(Pomacanthus annularis)* öfter beobachten! Sehr scheu dagegen sind die Blaupunktrochen *(Taeniura lymna),* von deren Flucht vielfach nur noch eine kleine Staubwolke zeugt. Ihr wunderschönes Tüpfelfarbenkleid aus der Nähe zu bewundern, gelingt nur in ganz seltenen Fällen.

Insgesamt ist es immer interessant und lohnenswert, Riffische etwas länger an einer Stelle zu beobachten und dabei die Fluchtdistanz nicht zu unterschreiten. So ist es möglich, bekannte Verhaltensweisen wiederzuerkennen oder auch neue Erfahrungen über tropische Lebensgemeinschaften zu sammeln. Darüber hinaus hilft das vorsichtige Taktieren auch den Unterwasserfotografen, zu einer besseren Ablichtung zu kommen.

Wenn man in Thailand auf **Haie** (Selachiformes) trifft, sind es in der Regel **Leopardenhaie** (Fam. Triakidae), die scheinbar lustlos auf dem Meeresgrund liegen.

Erst wenn diese Haie ihre Fluchtdistanz unterschritten fühlen, schwimmen sie mit eleganten, fast schlängelnden Bewegungen langsam davon. Die Leopardenhaie leben auf dem Meeresgrund und ernähren sich vorwiegend von Niederen Tieren. Wenn eine Tauchschule in Thailand den Aufenthalt eines oder mehrerer Leopardenhaie kennt, ist sofort ein neuer „Sharkpoint" geboren. Unweit von Phuket gibt es den bekannten Sharkpoint Hin Musang, der sich jedoch weniger durch den permanenten Aufenthalt der Leopardenhaie als durch seine vielfältigen Formationen mit schönem Riffbewuchs auszeichnet. Leopardenhaie werden bis zu 2,5 Meter lang.

Wer **Silberspitzenhaie** (Fam. Carcharhinidae) beobachten möchte, ist mit den Burma Banks gut beraten. Dort wurden sie an einigen Stellen angefüttert und erscheinen, sobald Taucher ins Wasser springen.

Leopardenhai (Stegostoma fasciatum)

Seltener trifft man auf **Ammenhaie** (Fam. Orectolobidae) oder **Weißspitzenriffhaie** (Fam. Carcharhinidae). Ammenhaie verweilen meist schlafend in Felsspalten oder Höhlen. Da sie dort so ruhig liegen, neigen viele Taucher dazu, sie berühren zu wollen. Aber Vorsicht: wenn sie erschrecken und aufwachen, entwickeln Ammenhaie eine ungeahnte Aktivität und können den Taucher auf ihrem Fluchtweg ins Freiwasser verletzen.

Mit etwas Glück können in Thailand **Walhaie** (Fam. Rhincodontidae) gesichtet werden. Die größten Chancen dazu bieten sich beim Richelieu Rock, bei Ko Ha und bei Hin Daeng.

Der Walhai ist der größte tropische Meeresfisch: er kann bis zu 18 Meter lang werden! Der Walhai gehört aber nicht, wie irrtümlich oft angenommen, zu den Walen, sondern zu den Haien. Er ist ein Planktonfresser und für den Menschen ungefährlich. Diese Fische sind sehr selten, und die Walhaibeobachtung zählt wohl zu den Höhepunkten vieler Taucherlebnisse.

Rochen (Rajiformes) sind in Thailand unter Wasser viel seltener anzutreffen als auf den Buffettischen der Restaurants. Sogar Geigenrochen *(Rhynchobatus djiddensis)* werden oft als ganz besondere Leckerei angeboten. Dem Taucher begegnen hin und wieder Gefleckte Stachelrochen und Blaupunktrochen (Fam. Dasyatidae). Mantas (Fam. Mobulidae) sind in Thailand sehr selten und meist nur an Riffen zu beobachten, die weiter von der Küste entfernt im Meer liegen. Um die Similan Inseln und bei Hin Daeng, südlich von Ko Lanta, wurden schon große Exemplare gesehen und gefilmt. Mantas können eine Spannweite bis zu sechs oder sieben Meter erreichen.

Oben:
Ammenhaie (hier: Nebrius ferrugineus) verstecken sich gerne in Felsspalten

Mitte:
Walhai (Rhincodon typus)

Unten:
Blaupunktrochen (Taeniura lymna)

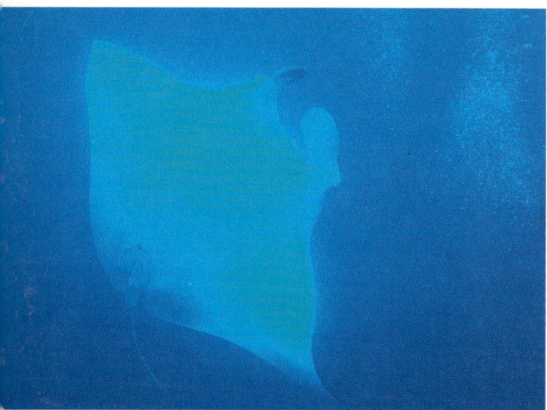

Manchmal springen Mantas aus dem Wasser und klatschen dann mit einem lauten Knall wieder auf. Ob mit diesem Verhalten lästige Hautparasiten entfernt werden oder ob es sich um reine Lebensfreude handelt, ist nicht bekannt.

Eidechsenfische (Fam. Synodontidae) besitzen ein reptilienartiges Aussehen und sind meistens auf dem Riff sitzend anzutreffen. Häufig sieht man ein Pärchen zusammen. Am weitesten verbreitet ist der Eidechsenfisch *(Synodus variegatus),* seltener trifft man dagegen den Marmoreidechsenfisch *(Saurida gracilis)* an.

An fast jedem Riff in Thailand gibt es **Muränen** (Fam. Muraenidae). Sie sind, solange sie in Ruhe gelassen werden, ungefährlich und besitzen auch keine

Links oben:
Gefleckter Stachelrochen
(Taeniura melanospila)

Links Mitte:
Manta (Manta birostris)

Links unten:
Eidechsenfisch (Synodus variegatus)

Rechte Seite:

Oben links:
Braune Muräne (Gymnothorax javanicus)

Oben rechts:
Gelbkopfmuräne (Gymnothorax fimbriatus)

Mitte links:
Marmoreidechsenfisch (Saurida gracilis)

Mitte rechts oben:
Gelber Trompetenfisch (Aulostomus chinensis)

Mitte rechts unten:
Flötenfisch (Fistularia comerssonii)

Unten links:
Juwelenbarsch (Cephalopholis miniatus)

Unten rechts:
Leopardenbarsch (Plectropomus leopardus)

Giftzähne, wie so häufig angenommen wird. Ein Muränenbiß wird erst durch Sekundärinfektionen gefährlich.

Muränen sind Höhlenbewohner und nachtaktiv. Tagsüber lugen sie lediglich mit dem Kopf aus ihrem Versteck und lauern auf Zufallsbeute. Kommt ein Taucher vorbei, ziehen sie sich meistens zurück.

Die **Pfeifenfische** (Fam. Fistulariidae) können eine Länge bis zu 1,8 Meter erreichen und halten sich vorzugsweise im flachen Wasser bis 15 m Tiefe auf. Sie werden oft mit den Trompetenfischen verwechselt, von denen es in Thailand zwei Arten gibt: eine gelbe, *Aulostomus chinensis*, und eine braune, *Aulostomus strigosus*. Pfeifenfische sind silbern und im Gegensatz zu den Trompetenfischen schuppenlos. Am häufigsten trifft man den Flötenfisch *(Fistularia petimba)*. Durch seine Körperform fast nicht zu entdecken: der Fetzen- oder Geisterpfeifenfisch *(Solenostomus armatus)*.

Zackenbarsche (Fam. Serranidae) gibt es in allen Farbvariationen und Größen vom 5 cm kleinen Carmabifisch *(Lioproma carmabi)* bis zum zwei Meter großen Riesenzackenbarsch *(Epinephelus tukula)*. Zackenbarsche leben solitär und sind gefährliche Räuber, die im kurzen Sprint ihre Beute jagen. Fast alle Arten sind standorttreu, was vielen zum Verhängnis geworden ist, da sie beliebte Speisefische sind.

Unter den **Kardinalfischen** (Fam. Apogonidae), von denen es 192 verschiedene Arten gibt, findet man viele Maulbrüter. Das bedeutet, daß die Männchen für die Brutpflege zuständig sind und den Fischlaich im Maul schützend ausbrüten. Manchmal ist beim Gestreiften Kardinalfisch *(Cheilodipterus lineatus)* der in Thai-

land häufiger anzutreffen ist, dieses Phänomen zu beobachten.

Eine enge Verwandtschaft zeigen die **Schnapper** (Fam. Lutjanidae) und **Füsiliere** (Fam. Caesiodidae) – die Körperform der Füsiliere ist jedoch im Unterschied zu den Schnappern etwas feingliedriger. Beide leben meist in großen Schwärmen im Freiwasser nahe den Korallenriffen.

Süßlippen (Fam. Plectorhynchidae) leben in der Regel solitär und finden ihren Lebensraum an tropischen Korallenriffen. In Thailand trifft man vornehmlich auf die orientalische Süßlippe *(Plectorhynchus orientalis)* und die Gepunktete Süßlippe *(Plectorhynchus chaetodonoides)*. Die jugendlichen Süßlippen tragen häufig ein völlig anderes Farbkleid als ausgewachsene Tiere und sind dann nur schwer wiederzuerkennen.

Seebarben (Fam. Mullidae) haben recht hoch liegende Augen – zusammen mit den beiden am Kinn anliegenden Barteln ein ganz charakteristisches Merkmal. Mit diesen Barteln durchstöbern sie den Meeresgrund nach Nahrung. Oft

Linke Seite:
Gestreifter Kardinalfisch (Cheilodipterus lineatus)

Oben links:
Großer Schnapper (Lutjanus bohar)

Oben rechts:
Goldstreifenschnapper (Lutjanus kasmira)

Mitte links:
Blaugoldener Füsilier (Caesio caerulaureus)

Mitte rechts:
Orientalische Süßlippe (Plectorhynchus orientalis)

Unten rechts:
Gepunktete Süßlippe
(Plectorhynchus chaetodonoides)

werden sie dabei von Lippfischen verfolgt, die übriggebliebene Nahrungsreste abzustauben versuchen.

Zu den typischen Schwarmfischen zählen die **Gleiter** (Fam. Pempheridae). Die Gattung Beilfische oder Beilbauchfische *(Pempheris)* ist in Thailand oft in Höhlen oder unter Überhängen zu beobachten. Dort stehen sie tagsüber und kommen erst in der Dunkelheit ans Riff, um auf Nahrungssuche zu gehen.

Die **Spatenfische** (Fam. Ephippidae) kennt man eher unter dem Namen Fledermausfische. Bei den Jungfischen erscheint die Körperform noch höher als bei den ausgewachsenen Tieren, weil die Flossen bereits ausgebildet sind, während der eigentliche Körper noch recht klein ist. In Thailand kommen die Fledermausfische nur in kleineren Gruppen vor.

Der wohl auffälligste und schönste **Kaiserfisch** (Fam. Pomacanthidae), der in thailändischen Gewässern schwimmt, ist der Ringelkaiserfisch. Er ist relativ häufig anzutreffen und schon von weitem an seinen leuchtend blauen Streifen zu erkennen. Kaiserfische leben solitär oder paarweise. Da sie gegenüber Artgenossen sehr aggressiv ihr Revier verteidigen, haben juvenile Kaiserfische ein anderes Farbkleid, das sich während der Wachstumsphase langsam dem der Erwachsenen anpaßt.

Oben:
Seebarbe (Parupeneus barberini) bei Nacht

Mitte:
Beilbauchfisch (Pempheris oualensis)

Unten:
Fledermausfische (Platax orbicularis)

Links oben:
Ringelkaiserfisch (Pomacanthus annularis)

Rechts oben:
Imperator-Kaiserfisch
(Pomacanthus imperator)

Links unten:
Diademkaiserfisch
(Pomacanthus xanthometopon)

Rechts unten:
Imperator-Kaiserfisch juv.
(Pomacanthus imperator)

Oben: Halsbandfalterfisch (Chaetodon collare)
Unten: Keilfleckfalterfisch (Chaetodon falcula)

Falterfische oder **Schmetterlingsfische** (Fam. Chaetodontidae) verbindet eine enge Verwandtschaft mit den Kaiserfischen. Ihnen fehlt jedoch der für die Kaiserfische charakteristische Stachel unter dem Kiemendeckel. Die Familie der Falterfische zählt zu den farbenprächtigsten Riffbewohnern tropischer Meere; in der Regel leben die Tiere paarweise. Trifft man auf größere Verbände, so handelt es sich meistens um Jungtiere. Ganz kleine Falterfische konnte ich schon oft schutzsuchend zwischen den Verästelungen von *Acropora*-Korallenstöcken beobachten.

Die **Riffbarsche** (Fam. Pomacentridae), auch Jungfernfische, Demoisellen, Preußenfische oder Schwalbenschwänzchen genannt, unterteilen sich in über 200

Oben: Schwarzrücken-Falterfisch (Chaetodon melanotus)
Unten: Gelber Maskenpinzettfisch (Forcipiger flavissimus)

Arten. Eine Unterfamilie sind die **Anemonenfische,** die in Symbiose mit einer Wirtsanemone leben. Die Anemonen beherbergen oftmals zusätzlich Anemonenkrabben oder kleine Krebse und lohnen sich also durchaus einer genaueren Betrachtung. Beim Brutverhalten der Riffbarsche wird der Platz zur Eiablage zunächst vom Männchen vorbereitet, indem es ihn mit der Körperseite „sauberscheuert". Dann schwimmt es mit schnellen Bewegungen auf und ab und signalisiert dem Weibchen, wo es seine Eier ablegen kann. Dieses Verhalten konnte ich in Thailand in den Monaten zwischen November und März häufig beobachten.

Lippfische (Fam. Labridae) scheinen ständig damit beschäftigt, das Riff und Sandflächen auf dem Meeresgrund nach Nahrung abzusuchen. Oft folgen sie dabei anderen Fischen und versuchen,

Links oben:
Kupfer-Pinzettfisch (Chelmon rostratus)

Links Mitte:
Maskenwimpelfisch (Zanclus cornutus)

Links unten:
Tomaten-Clownfisch (Amphiprion frenatus)

Rechte Seite:

Links oben:
Harlekin-Anemonenfisch (Amphiprion ocellaris)

Rechts oben:
Clarks Anemonenfisch (Amphiprion clarkii)

Links Mitte:
Einfleck-Jungferchen (Pomacentrus stigma)

Links unten:
Dianas Lippfisch (Bodianus diana)

Rechts unten:
Zitronen-Jungferchen juv.
(Amblyglyphidodon aureus)

verwertbare Reste zu erhaschen. Sie fallen sofort durch ihre lustig anzusehende wippende Fortbewegung mit den Brustflossen auf. Es gibt sie in allen Größen und Farben, angefangen vom kleinen Putzerfisch *(Labroides dimidiatus)* bis hin zum Napoleon oder Riesenlippfisch *(Cheilinus undulatus)*. Putzerfische unterhalten die „Barbierstuben des Riffes", wo sie sich einfindende Fische von Hautparasiten befreien. Ein Putzer säubert an guten Tagen bis zu 250 Fische. Ähnlich wie bei den Riffbarschen ist auch bei vielen Arten von Lippfischen die Wechselgeschlechtlichkeit verbreitet.

An ihrem papageischnabelartigen Gebiß sind sie unschwer zu erkennen: die **Papageifische** (Fam. Scaridae). In der Dämmerung ziehen sie über die Riffe und nagen an den Hartkorallen oder weiden die darauf wachsenden Algen ab. Die tagaktiven Papageifische hüllen sich nachts in eine Schleimschicht, die dann morgens zum Frühstück verspeist wird. Ähnlich den Lippfischen bewegen sich auch die Papageifische mit den Brustflossen rudernd fort. Lediglich wenn sie auf der Flucht sind, setzen sie zusätzlich den Schwanz ein.

Korallenwächter oder **Büschelbarsche** (Fam. Cirrhitidae) sind schlechte Schwimmer, da sie keine Schwimmblase besitzen. Sie überwachen von übersichtlichen Stellen des Riffes ihr Revier und verteidigen dieses vehement gegen auftauchende Rivalen. Zum Beutefang schießen sie dann blitzschnell aus ihrer Stellung hervor. Auch Unterwasserfoto-

Oben rechts:
Büffelkopf-Papageifisch
(Bulbometopon muricatum)

Unten rechts:
Gepunkteter Korallenwächter
(Cirrhitichthys aprinus)

Linke Seite:

Oben links:
Regenbogen-Lippfisch
(Cheilinus diagrammus)

Oben rechts:
Mondsicheljunker (Thalassoma lunare)

Mitte links:
Orangegrüner Lippfisch
(Halichoeres biocellatus)

Mitte rechts:
Papageifisch (Scarus ghobban)

Unten links:
Funken-Papageifisch (Scarus rubroviolaceus)

Unten rechts:
Rotbauch-Papageifisch (Scarus gibbus)

grafen werden bei Nahaufnahmen von Korallenwächtern auf eine besondere Geduldsprobe gestellt.

Krokodilfische (Fam. Parapercidae) sind Bodenbewohner; hier verharren sie meist gut getarnt in ruhiger Stellung. Während die Männchen eine Linienfärbung am Kopf haben, weisen die Weibchen dort schwarze Flecken auf. Ihre Hauptnahrung besteht aus kleinen Organismen, die sie im Sand suchen. Seltener stellen sie kleinen Fischen oder Krebsen nach.

Die über 300 Arten der **Schleimfische** (Fam. Blenniidae und Fam. Salariidae) besitzen nur schwach ausgeprägte oder überhaupt keine Schuppen. Ihr Körper ist von einer Schleimschicht umgeben, was auch zu ihrer Namengebung beigetragen hat. Sie halten sich in der Regel in kleinen Löchern versteckt, in die sie sich bei Gefahr blitzschnell zurückziehen können. Schleimfische sind sehr scheu und unternehmen nur sehr zögernd kleine Ausflüge im Riff. Schon bei den geringsten Anzeichen von Gefahr flüchten sie wieder in ihren sicheren Unterschlupf.

Zu dieser Gruppe gehören auch die **Säbelzahnschleimfische** mit ihren hervorstehenden Eckzähnen. Sie schwimmen im Gegensatz zu den anderen Schleimfischen gerne umher und sind anderen Fischen gegenüber sehr an-

Oben:
*Langnasen-Büschelbarsch
(Oxycirrhites typus)*

Mitte:
Binden-Krokodilfisch (Parapercis cylindrica)

Unten:
Schwarzgelber Schleimfisch (Ecsenius bicolor)

griffslustig. Der Falsche Putzerfisch *(Aspidontus taeniatus)* sieht dem Echten Putzerfisch *(Labroides dimidiatus)* verblüffend ähnlich und ahmt sogar das Verhalten nach, um ahnungslose Fische zur Säuberung einzuladen. Fallen sie auf seinen Trick herein, beißt er ihnen blitzschnell ein Stückchen Fleisch aus dem Körper.

Der **Maskenwimpelfisch** *(Zanclus cornutus)* ist der einzige Vertreter der Familie Zanclidae. Die Fische sind in Thailand paarweise oder in kleinen Gruppen an den Riffen zu beobachten. Ihren Namen verdanken sie der zu einem Wimpel verlängerten Rückenflosse und der schwarzen Färbung im Augenbereich, die mit etwas Phantasie einer Maske gleicht.

Seebader oder **Doktorfische** (Fam. Acanthuridae) sind insbesondere im Jugendstadium Schwarmfische, die sich in Riffnähe aufhalten. Erwachsene Tiere kommen auch paarweise oder in kleinen Gruppen vor. Auffälliges Merkmal der Seebader sind die skalpellartigen Dornfortsätze am Schwanzstiel, die ihnen auch den Namen Doktorfische einbrachte. Bei einigen Arten sind die Skalpelle zur Warnung für andere Fische farblich hervorgehoben. In den Dämmerungsphasen können manchmal große Schwärme bei der Nahrungssuche am Riff beobachtet werden. Sie fressen hauptsächlich Algen, Seegräser und auch kleine Garnelenarten.

Oben:
Zebrablenni (Meiacanthus grammistes)

Mitte:
Weißbrustdoktorfisch
(Acanthurus leucosternon)

Unten:
Kuhkopf-Doktorfisch (Naso literatus)

Eng verwandt mit den **Grundeln** (Fam. Gobiidae) sind die **Schläfergrundeln** (Fam. Eleotridae). Sie kommen nur zur Nahrungsaufnahme aus ihren Verstecken und ziehen sich bei Gefahr blitzschnell wieder in ihre Löcher zurück. Oft stehen sie paarweise über ihren Höhlen und warten auf vorbeitreibendes Plankton oder Fischlarven.

Es gibt ungefähr 2000 verschiedene **Grundelarten** (Fam. Gobiidae). Die wohl am häufigsten zu beobachtenden Grundelgattungen leben in Symbiose mit einem blinden Krebs auf sandigem Meeresgrund. Während der Krebs ständig damit beschäftigt ist, den kleinen Unterschlupf von nachrutschendem Sand freizuhalten, steht die Grundel vor der Höhle und sorgt für Nahrung und alarmiert bei Gefahr, so daß sich beide rechtzeitig zurückziehen können. Grundeln werden durchschnittlich vier bis zehn Zentimeter groß. Die Grundel-Krebs-Symbiose kann auch in Thailand häufig beobachtet werden.

Alle **Skorpionsfische** (Fam. Scorpaenidae) besitzen giftige Rückenflossenstrahlen, die besonders bei den Rotfeuerfischen (Pteroinae) stark ausgeprägt sind. Sie leben in Riffnähe und werden je nach Art bis zu 35 cm groß. Während die Rotfeuerfische farblich sehr auffällig sind, tarnen sich die Skorpionsfische oder Meersauen (Scorpaeninae) gut und liegen versteckt im Riff, wo sie auf Beute lauernd kaum zu erkennen sind. Diese Familie ist an Thailands Riffen oft anzutreffen. Es empfiehlt sich, genau hinzusehen, bevor man versucht, wenn überhaupt, etwas im Riff anzufassen. Das Gift kann durchaus tödliche Folgen haben, zumal man oft sehr lange auf eine ärztliche Versorgung warten muß, denn die Krankenhäuser liegen meist weit entfernt von vielen Tauchplätzen in Thailand.

Zu den perfektesten Tarnkünstlern zählen die **Steinfische** (Fam. Synanceidae). Taucher schwimmen meistens an ihnen vorbei, ohne sie zu bemerken, da ihre Gestalt und Färbung optimal an den Untergrund angepaßt ist. Sie liegen völlig regungslos im Riff und lauern auf Beute, die ahnungslos vor ihrem Maul umherschwimmt. Diese wird dann mit einer Saug-Schnapp-Bewegung gefangen.

ACHTUNG! Steinfische sind die giftigsten Fische der Welt! Das Gift befindet sich in den Rückenflossenstrahlen und kann zu tödlichen Verletzungen führen. Erste Hilfemaßnahmen: Wunde säubern und die verletzte Stelle in 50 bis 70 Grad heißes Wasser tauchen, weil das Gift nicht hitzebeständig ist. Es können auch heiße Kompressen verwendet werden. Danach muß sofort der nächste Arzt aufgesucht werden.

Saugfische (Fam. Echeneidae) sind auch unter dem Namen Schiffshalter bekannt. Sie heften sich an einen Wirt, befreien diesen von Parasiten und sammeln abfallende Nahrungsreste. Um sich an einem Hai, einer Schildkröte oder einem Rochen festzusaugen, bedienen sich die Schiffshalter ihrer Rückenflosse, die sich zu einer ovalen Saugscheibe umgewandelt hat. Indem sie die Lamellen der Saugscheibe aufstellen, erzeugen sie einen Unterdruck und können sich so an ihren Wirt heften.

Drückerfische (Fam. Balistidae) leben solitär in der Nähe des Riffes, und ledig-

Oben links:
Feuerschläfergrundel
(Nemateleotris magnifica)

Oben rechts:
Verzierter Drachenkopf
(Scorpaenopsis cirrhosa)

Mitte links:
Augenbindengrundel
(Gnathopepis scapulostigma)

Mitte rechts:
Steinfisch (Synanceia verrucosa)

Unten rechts:
Indischer Rotfeuerfisch (Pterois volitans)

Oben links:
Tüpfeldrückerfisch (Pseudobalistes fuscus)

Oben rechts:
Gestreifter Drückerfisch (Balistapus undulatus)

Unten links:
Leopardendrückerfisch (Balistoides conspicillum)

Unten rechts:
Tüpfeldrückerfisch (Pseudoballistes fuscus)

lich die Rotzahndrückerfische *(Odonis niger)* versammeln sich hin und wieder zu größeren Schwärmen. Bei Gefahr ziehen sie sich in Riffspalten zurück und verklemmen sich dort mit dem Kopf voran. Dabei stellen sie je einen Stachel an der Bauchseite und von der Rückenflosse so auf, daß sie in den Spalten fest eingedrückt sind: daher auch ihr Name Drückerfisch! Auch benutzen sie ihren „Drücker" zum Imponiergehabe, um sich vor Feinden größer erscheinen zu lassen. Bei der Nahrungsaufnahme sieht man sie oft auf dem Kopf stehend Trichter in den Sandgrund pusten, um so Krustentiere oder Krabben freizulegen. Mit Vorliebe machen sie sich an Seeigel heran, die sie in einer umständlichen Prozedur auf den Rücken legen, denn nur so können sie an die leckere Beute herankommen. Vorsicht! Drückerfische haben ein kräftiges Gebiß und lassen sich am Laichplatz nicht gerne stören. Von dort aus greifen sie sogar größere Feinde mit Nachdruck an!

Die Einstachler heißen auch **Feilenfische** (Fam. Aluteridae), denn ihre Haut ist so rauh, daß sie von Einheimischen oft als Schmirgelpapier verwendet wird. Gleich den Drückerfischen, mit denen sie eng verwandt sind, besitzen die Einstachler einen großen Rückenflossenstachel, den sie bei Gefahr aufstellen. Der wohl imposanteste und am meisten vorkommende Einstachler in Thailand ist der Feilenfisch *(Aluterus scriptus)*. Er kann bis zu einem Meter groß werden und bewegt sich mit schlängelnden Bewegungen der Rücken- und Afterflosse fort. Seinen Schwanz setzt er lediglich als Steuer ein. Es gibt etwa 30 Arten verschiedener **Kofferfische** (Fam. Ostraciontidae). Am häufigsten sind mir der Schwarze Koffer-

Feilenfisch (Aluterus scriptus)

fisch *(Ostracion meleagris)* und der Gelbe Kofferfisch oder „Postkoffer" *(Ostracion cubicus)* in Thailand begegnet. Trotz ihrer plumpen, kofferähnlichen Körperform sind sie erstaunlich wendige Schwimmer und können sogar rückwärts in Riffspalten oder kleinen Höhlen „einparken". Kofferfische stehen nicht auf dem Speisezettel großer Räuber, weil sie bei Gefahr ein Gift ausscheiden können, das auf den Angreifer tödlich wirken kann.

An ihrem stacheligen Äußeren sind **Igelfische** (Fam. Diodontidae) leicht zu erkennen. Mit großen Augen lugen sie aus Felsspalten und kleinen Höhlen hervor, wo sie sich versteckt halten. Sie besitzen die Fähigkeit, sich bei Gefahr mit Wasser vollzupumpen. Als runde Stachelkugel sind sie ziemlich manövrierunfähig – erscheinen aber für den Angreifer viel größer als erwartet. Leider werden die Igelfische immer noch gefangen, um in

Souvenirshops getrocknet als Lampenschirme verkauft zu werden. Auf Phuket gibt es gleich mehrere Shops davon!

Die **Spitzkopfkugelfische** (Fam. Canthigasteridae) umfassen nur 23 Arten, die stets in Riffnähe tropischer Meere leben. Die Spitzkofkugelfische, die maximal 20 cm groß werden, gehören alle der Gattung *Canthigaster* an. Sie leben paarweise und können sich gleich den Igel- und Kugelfischen mit Wasser vollpumpen, um Feinde abzuschrecken.

Kugelfische (Fam. Tetraodontidae) sind schuppenlos und glatt. Mit ihrem kräftigen Gebiß können sie Korallenstückchen abbeißen, bevorzugte Nahrung sind jedoch Schnecken und kleine Krebse. Die Kugelfische wurden als japanische Fugu-Delikatesse weltweiter bekannt. Da die Gallenblase ein hochgiftiges Konzentrat enthält, bedarf die Zubereitung der Kugelfische einer besonderen Ausbildung der Köche. Wird die Gallenblase verletzt, kann das Mahl für den Gast den schnell einsetzenden Tod zur Folge haben.

Linke Seite:

Oben links:
Brauner Igelfisch (Diodon holacanthus)

Oben rechts:
Pfauenaugen-Kugelfisch
(Canthigaster solandri)

Mitte:
Sattelfleck-Kugelfisch (Canthigaster valentini)

Unten links:
Streifenkugelfisch (Arothron mappa)

Unten rechts:
Porpitas (Porpita porpita, Klasse Hydrozoa)
treten saisonal auf. Vorsicht vor ihren
Nesselkapseln!

Tropische Wirbellose in Thailand

An tropischen Riffen gibt es bis auf einige Algenarten so gut wie kein pflanzliches Leben. Abgesehen von den Fischen reiht sich alles in die große Gruppe der Niederen Tiere oder Wirbellosen ein. Niedere Tiere unter Wasser zu bestimmen, zählt mit Sicherheit zu den schwirigsten Unternehmungen, die ein Taucher sich aufbürden kann.

Die Vielfalt scheint unendlich: Es gibt schätzungsweise eine Million verschiedene Arten, und selbst die spezielle Literatur über einzelne Stämme, Klassen, Ordnungen oder Familien kann immer nur eine Auswahl bieten. Wenn zusätzlich die Unterscheidungsmerkmale im Inneren des Tieres verborgen liegen, kann die endgültig sichere Bestimmung einer Art oftmals nur in einem Labor vorgenommen werden.

Bei den **Seegurken** (Holothuroidea) dienen zum Beispiel die unterschiedlichen Formen des Skelettes, die man von außen nicht sehen kann, zur genauen Artenbestimmung. So kann selbst ein Taucher mit fundiertem biologischem Wissen die entdeckten Niederen Tiere häufig nur grob zuordnen. Doch gerade die artenreiche Fülle der Niederen Tiere im Riff macht diese Lebewesen so interessant. Um eine grobe Zuordnung des Entdeckten zu erleichtern, wird in diesem Kapitel eine Auswahl Niederer Tiere vorgestellt, die man in Thailand am häufigsten sehen kann.

Schwämme (Porifera) sind Tiere, auch wenn es auf den ersten Blick unglaublich erscheint. Sie kommen in runden, baum- und röhrenartigen Formen vor.

Neptunsbecher (Petrosia spec.)

Die Schwämme haben noch keine Muskel- oder Nervenzellen, sondern nur eine zweischichtige Körperwand, die kleine Hohlräume auskleidet. In diesen erzeugen die Schwämme mit Hilfe von Kragengeißelzellen einen Wasserstrom, aus dem sie ihre Nahrung, das Plankton, herausfiltern. Das gefilterte Wasser gelangt danach über kleine Kanäle und Poren wieder aus dem Schwamm heraus.

Schon seit rund 600 Millionen Jahren sind **Quallen** (Scyphozoa) als Versteinerungen nachgewiesen. Sie gehören mit etwa 250 Arten zum Stamm der Nesseltiere (Cnidaria). Wie der Name schon sagt, besitzen sie hochentwickelte Nesselkapseln (Cniden), die sie zum Überwältigen der Beute und zur Abwehr von Feinden einsetzen. Die Nesselkapseln werden bei Berührung ausgeschleudert, durchschlagen mit den Stiletten an ihrer Spitze die Haut oder den Panzer der Beute und injizieren ein Gift, das die Beute lähmt oder auch tötet.

Die meisten größeren Quallen, wie zum Beispiel die **Wurzelmundquallen,** leben überwiegend im Freiwasser und werden von Tauchern nur selten gesehen. Kleinere dagegen können schon lästig werden, wenn sie den Taucher ständig nesseln. Das sind insbesondere die winzigen Medusen im Plankton, die kaum sichtbar im Wasser schweben.

Korallentiere (Anthozoa) werden oft unter dem Begriff „Blumentiere" geführt – sicherlich, weil sie genauso bunt und vielfältig sind. Die Korallentiere unterteilen sich in achtstrahlige und sechsstrahlige Korallen, Octocorallia und Hexacorallia. Zu den achtstrahligen Korallen, von denen es über 2500 verschiedene Arten gibt, gehören die Weich- oder Lederkorallen (Alcyonaria), die Hornkorallen oder Gorgonien (Gorgonaria), die Seefedern (Pennatularia) und die Blaukorallen (Helioporida) mit nur einer einzigen Art, nämlich der Blauen Koralle *(Heliopora coerulea).* Sie sieht einer Steinkoralle sehr ähnlich. An einigen Weichkorallen kann man oftmals sehr schön die achtstrahligen, gefiederten Polypen erkennen und nachzählen. Zu den sechsstrahligen Korallen, von denen es über 4000 verschiedene Arten gibt, gehören die Steinkorallen (Scleractinia oder Madreporaria), die Zylinderrosen (Ceriantharia), die Seeanemonen (Actiniaria), die Krustenanemonen (Zoantharia) und die Dörnchenkorallen (Antipatharia). Die sechsstrahligen Polypen sind bei vielen Arten deutlich zu sehen – allerdings meistens erst bei Nacht, wenn sie ihre Tentakel ausfahren, um Nahrung aufzunehmen.

Oben links:
Wurzelmundqualle
mit kleinen Bastardmakrelen

Oben rechts:
Hirnkoralle (Platygyra lamellina)

Mitte:
Typische Farbgebung von Hart- und Steinkorallen (hier: Diploastrea spec.)

Unten:
Krustenanemonen (hier: Dendrophyllia spec.)
strecken nachts ihre Tentakel nach Beute aus

Zu den **Plattwürmern** (Plathelminthes) gehört die Gruppe der **Strudelwürmer** (Turbellaria), die den Nacktschnecken sehr ähnlich sehen und oft mit ihnen verwechselt werden. Sie besitzen, wie der Name schon sagt, eine platte Körperform und bewegen sich wie eine Schnecke im Riff. Es fehlt ihnen jedoch der für viele Nacktschneckenarten typische Kiemenbüschel. Der ausstülpbare Mund der Plattwürmer befindet sich auf der Unterseite.

Zu den **Weichtieren** (Mollusca) gehören die Schnecken (Gastropoda), die Käferschnecken (Polyplacophora), die Muscheln (Bivalvia) und die Kopffüßer oder Tintenfische (Cephalopoda). Um den Umfang dieses Stammes deutlich zu machen, vergegenwärtige man sich nur, daß es allein 105 000 Schneckenarten gibt. Von den dazugehörigen Nacktschnecken wurden bis heute etwa 5000 Arten entdeckt. Die Muscheln belaufen sich auf runde 20 000 Arten. Bei den etwa 730 Tintenfischarten wird zwischen achtarmigen (Kraken) und zehnarmigen (Sepien) Kopffüßern unterschieden. Der Schulp der Sepien, der ihnen – wie den Fischen die Schwimmblase – zur Tarierung dient, kommt bei uns den Kanarienvögeln zugute.

Links oben:
Plattwurm (Polycladida spec.)

Rechts oben:
Pyjama-Nacktschnecke
(Chromodoris quadricolor)

Links unten:
Plattwurm (Pseudoceros spec.)

Rechts unten:
Kaurischnecke (Cypraea spec.)

Oben links:
Der Krake (oder Oktopus) besitzt acht Arme,
im Gegensatz zu …

Oben rechts:
… der zehnarmigen Sepia

Mitte links:
Weiße Nachtschnecke
(Glossodoris spec.)

Mitte rechts:
Stachelkranz-Käferschnecke
(Acanthopleura haddoni)

Unten:
Riesenmuschel oder „Mördermuschel"
(Tridacna squamosa)

Der Stamm der **Gliederfüßer** (Arthropoda) ist mit rund einer Million Arten der größte des Tierreiches. Zu ihm gehören die Insekten, Spinnen und Krebse. Für viele Taucher sind die **Krebstiere** (Crustacea) mit etwa 35 000 Arten die interessantesten. Dazu gehören z. B. Meeres-Einsiedlerkrebse, Hummer, Langusten, Krabben und Garnelen.

Zu den rund 6000 Arten der **Stachelhäuter** (Echinodermata) zählen die Haarsterne (Crinoidea), auch Federseesterne oder Seelilien genannt, die Seesterne (Asteroidea), die Seegurken oder Seewalzen (Holothuroidea), die Schlangensterne (Ophiuroidea) und die Seeigel (Echinoidea), bei denen man zwischen regulären und irregulären Formen unterscheidet.

Links oben:
Porzellankrebs (Porcelanella picta)

Links unten:
Eine kleine Garnele

Unten:
Alpheus-Krebs (Alpheus cuphryseus)

Rechte Seite:
Rotweiße Scherengarnele
(Stenopus hispidus)

Oben links:
Globusseeigel (Mespila globulus)

Oben rechts:
Sternseeigel (Echinotrix spec.)

Unten links:
Federseestern oder Haarstern
(Himerometra robustipinna)

Unten rechts:
Griffelseeigel (Phyllacanthus imperialis)

Die **Manteltiere** (Tunicata) unterteilen sich in die **Seescheiden** (Ascidiacea) und die **Salpen** (Thaliacea). Interessant an den Manteltieren ist sicherlich, daß diese in der Systematik des Tierreiches uns Menschen relativ nahe verwandt sind. Im Stamm der Chordatiere gibt es drei Unterstämme: die Manteltiere, die Schädellosen mit den Lanzettfischchen und die Wirbeltiere, zu denen bekanntlich auch die Säugetiere zählen. Im Unterschied zu den Seescheiden, die wie Pflanzen fest auf dem Grund sitzen, schwimmen die Salpen im Freiwasser. Beide besitzen eine Hülle, die Tunica, und eine Ansaug- und Ausströmöffnung. Im Inneren der Manteltiere filtert ein Kiemenkorb, der zugleich Atmungsorgan ist, das Wasser und sorgt für die nötige Nahrung.

Oben:
Riesensalpen sind Beute vieler Fische

Unten:
Seescheiden (Klasse Ascidia)

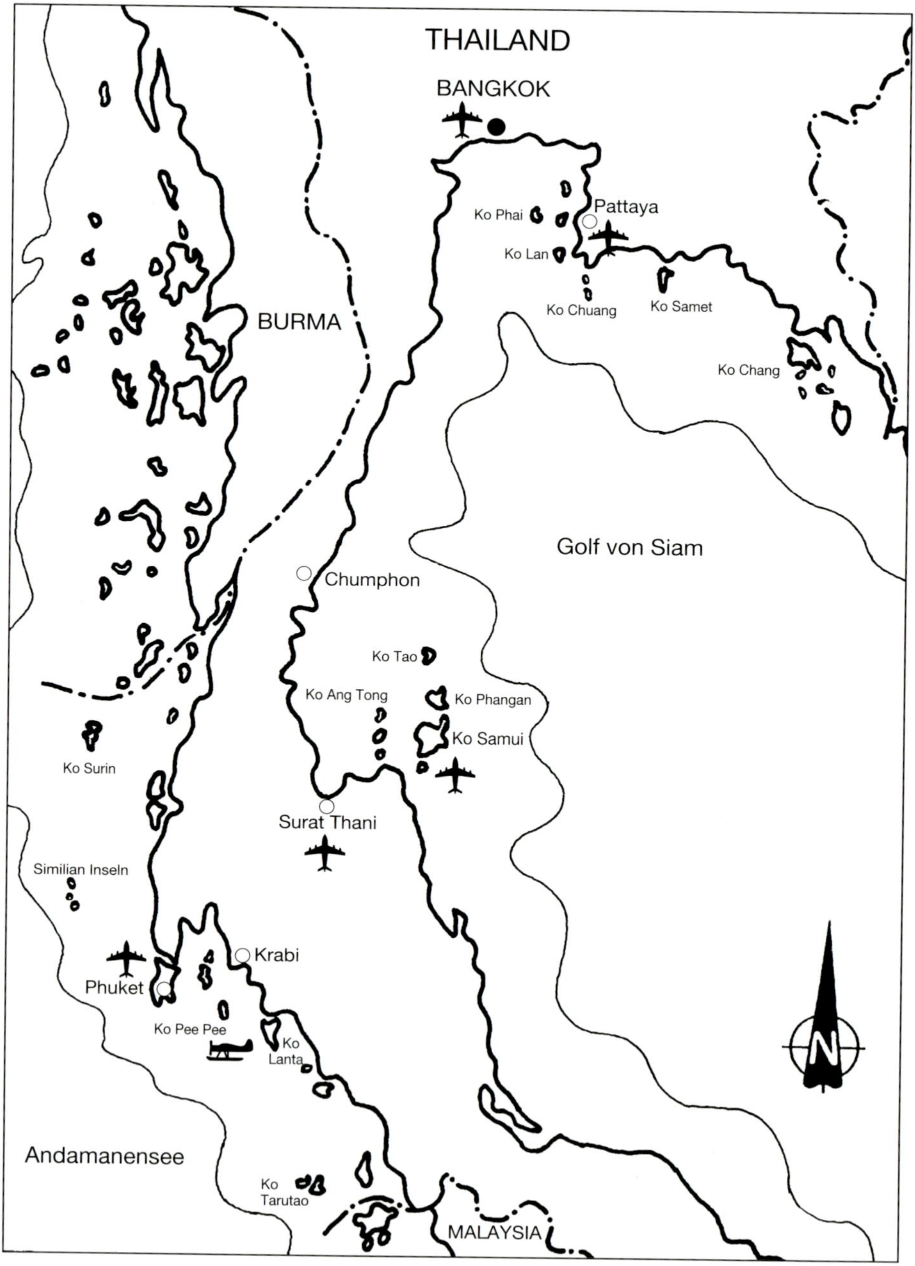

THAILAND

BANGKOK

Ko Phai
Pattaya
Ko Lan
Ko Chuang
Ko Samet
Ko Chang

BURMA

Golf von Siam

Chumphon

Ko Tao
Ko Ang Tong
Ko Phangan
Ko Samui

Ko Surin

Surat Thani

Similian Inseln

Krabi
Phuket

Ko Pee Pee
Ko Lanta

Andamanensee

Ko Tarutao

MALAYSIA

N

Tauchgebiete in Thailand

Allgemeine Informationen

Die malaiische Halbinsel, die sich von Singapur bis nach Bangkok erstreckt, hat in Thailand eine Nord-Süd-Ausdehnung von etwa 1600 Kilometern; im Osten wird sie durch den Golf von Siam und im Westen von der Andamanensee begrenzt. Neben den für den internationalen Tourismus schon seit vielen Jahren erschlossenen Inseln Phuket und Ko Samui hat der thailändische Süden insbesondere für naturinteressierte Gäste viel zu bieten. Auf dem Festland entstanden zahlreiche Nationalparks, die gleichzeitig den artenreichen Lebensraum des thailändischen Primärurwaldes und des tropischen Regenwaldes vor der schnell voranschreitenden Abholzung schützen sollen. Die Touristen verlegten zunächst ihre Entdeckeraktivitäten auf die Erkundung einsamer Strände und verhalfen weiteren Inseln wie Ko Pee Pee im Westen sowie Ko Pangan und Ko Tao im Osten zum Ausbau ihrer Infrastruktur. Die Sehnsucht nach ungetrübter Südseeidylle zog jedoch mehr Europäer auf die thailändischen Inseln, als so mancher Strand vertragen konnte. Die Bebauung vieler Buchten mit großen Hotelanlagen zeugt noch heute vom Ansturm sonnenhungriger Gäste aus den kühleren Gefilden. Momentan ist die Regierung im Begriff, die Inseln mit staatlich geförderten Mitteln zu entlasten und den Touristenstrom auf das Festland umzulenken. Ein komplexes Programm soll dabei auf die vielen kulturellen und natürlichen Schönheiten des Landes im Süden hinweisen. Mit einer gesunden umweltbewußten Einstellung der Besucher und einer vernünftigen Tourismussteuerung könnten sich diese Ideen als ein bedeutender Beitrag zur effektiven Erhaltung der Natur entpuppen.

Für die Taucher sind die Küstenstriche Südthailands wohl die interessantesten; außerdem ist das Meer auf dem schmalen thailändischen Landstrich der malaiischen Halbinsel nie weit entfernt. Sowohl auf dem Festland als auch auf den vorgelagerten Inseln gibt es viele Tauchschulen, die eindrucksvolle Einblicke in die Unterwasserwelt der thailändischen Küstengewässer bieten. Als Taucherhochburgen seien Phuket und Ko Samui genannt, da diese beiden Inseln bereits einen Flughafen besitzen und dadurch sehr leicht zu erreichen sind. Zu weiteren Tauchplätzen gestaltet sich die Anreise, nicht zuletzt wegen des umständlich zu befördernden schweren Gepäcks, das sich Neptuns Jünger meist selbst auferlegen, eher beschwerlich und mühsam. Thailands Tauchgebiete sind diese Strapazen jedoch wert, und über die bereits bekannten Plätze hinaus werden immer wieder neue wunderschöne Rifflandschaften entdeckt.

Golf von Siam

Der Golf von Siam oder Golf von Thailand gehört mit einer Oberfläche von 305 000 km^2 zum westlichen Zentralpazifik. Seine Grenzen ziehen sich über das Südchinesische Meer im Süden ostwärts entlang der

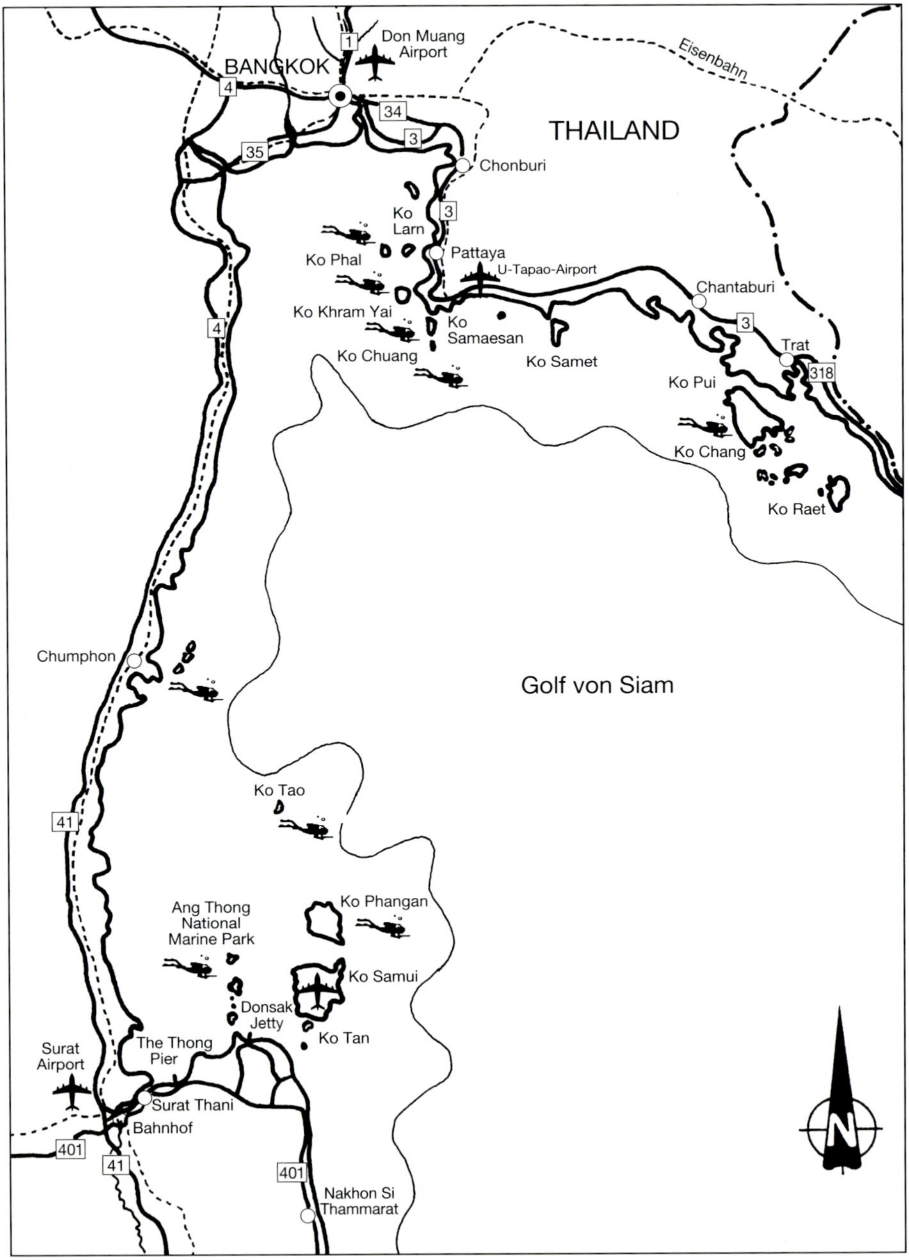

BANGKOK 1 Don Muang Airport

4

34

THAILAND

Eisenbahn

35

3

Chonburi

Ko Larn

3

Ko Phal

Pattaya

U-Tapao-Airport

Chantaburi

Ko Khram Yai

Ko Samaesan

3

4

Ko Chuang

Ko Samet

Trat

318

Ko Pui

Ko Chang

Ko Raet

Chumphon

Golf von Siam

41

Ko Tao

Ang Thong National Marine Park

Ko Phangan

Ko Samui

Donsak Jetty

The Thong Pier

Ko Tan

Surat Airport

Surat Thani Bahnhof

401

41

401

Nakhon Si Thammarat

N

südwestlichen Küste Vietnams über Kambodscha nach Thailand. Dort folgt die Grenze dem thailändischen Küstenverlauf über Bangkok bis hin in den Süden zur malaiischen Grenze, wo sie wieder auf das Südchinesische Meer trifft.

Der Golf von Siam ist ein flaches Meer mit durchschnittlichen Tiefen zwischen 20 und 30 Metern an den Tauchplätzen. Die Riffe, an denen getaucht werden kann, liegen mehrheitlich in Marine National Parks und sollten eigentlich vom Fischereibetrieb, insbesondere natürlich von der Dynamitfischerei, verschont bleiben. Leider ist das nicht immer der Fall! Es bleibt zu hoffen, daß die Erkenntnis umweltschonender und langfristig sicherer Fangmethoden möglichst schnell auch den letzten thailändischen Fischer erreicht.

Die Tauchgebiete liegen überwiegend um die zahlreichen Inseln verstreut. Ko Samui ist wohl die bekannteste Insel Thailands im Golf von Siam. Von dort aus können auch die Riffe um Ko Pangan und Ko Tao betaucht werden, wo sich mittlerweile aufgrund der langen Anfahrt weitere Tauchstationen angesiedelt haben. Im Chang Archipel im Osten entwickelt sich der Tauchtourismus seit 1992, die Entdeckungsphase ungesehener Unterwasserparadiese ist hier noch nicht abgeschlossen. Die wunderschöne Inselwelt nahe der kambodschanischen Grenze wurde bereits 1982 zum Nationalpark erklärt. Dort sind auch die besten Sichtverhältnisse im Golf von Thailand mit Weiten bis zu 30 Meter vorzufinden. Ein weiteres Tauchzentrum an der Ostküste ist Pattaya. Die Ausfahr-

Eine seltene Begegnung bei Ko Tao im Golf von Siam

Kra Isthmus: 27 km breite Landenge zwischen zwei Meeren

ten führen zu den vorgelagerten „Inseln des inneren und äußeren Ringes" sowie zu zwei Wracks. Die neueste Tauchstation an der Ostküste ist Chumphon, von wo aus fünf kleine Inseln angefahren werden.

Andamanensee

Die Andamanensee gehört zum östlichsten Teil des Indischen Ozeans. Die malaiische Halbinsel, gefolgt von den indonesischen Sundainseln, teilt den Indischen Ozean vom größten Meer unserer Erde, dem Pazifik. An der schmalsten Stelle, dem Isthmus von Kra bei Ranong, trennen nur 27 Kilometer thailändisches Festland diese beiden Weltmeere. Die Andamanensee wird im Süden durch Sumatra und die Straße von Ma-

lakka begrenzt. Im Westen folgen die Nikobaren und Andamanen Inseln, im Norden der Golf von Bengalen, Burma und der Golf von Martaban. Daran schließt sich die lange burmesische und thailändische Westküste bis hin zur Straße von Malakka an.

Die Andamanensee ist ein überwiegend recht flaches Meer, erreicht jedoch westlich vor den Andamanen Inseln mit 4198 Metern ihre größte Tiefe. An den betauchten Riffen in Thailand fällt das Meer jedoch meist nie weiter als 50 Meter ab (Ausnahme: die Burma Banks im Norden).

Die bekannteste und am längsten erschlossene Insel auf der Westseite Thailands ist Phuket. Sie war aufgrund der Zinnvorkommen schon von geschichtlicher Bedeutung. Heute vernebeln die riesigen Förderbagger den Tauchern die

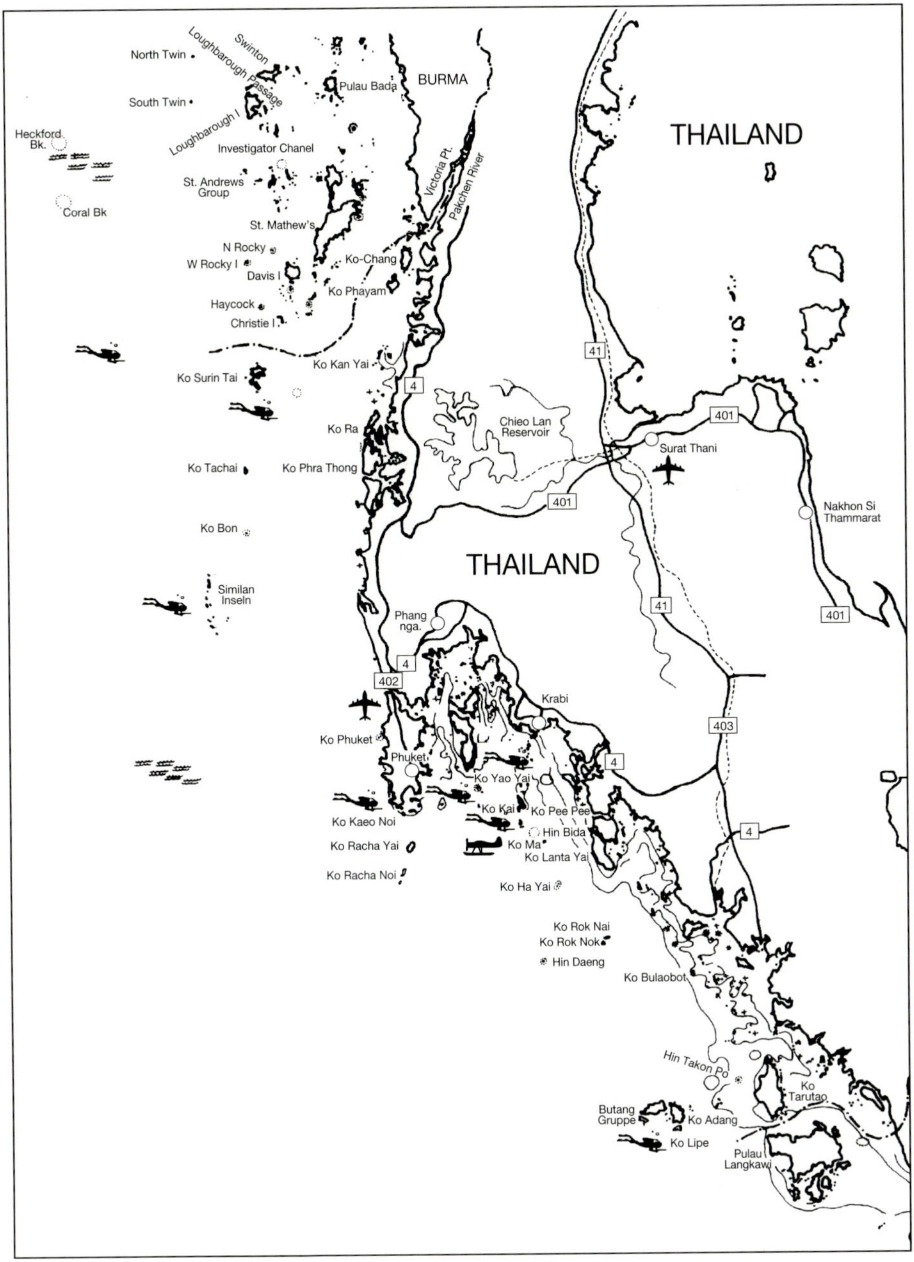

North Twin
Loughborough Passage
Swinton
Pulau Bada
BURMA
South Twin
Loughborough I
Heckford Bk.
Investigator Chanel
St. Andrews Group
Victoria Pt.
Pakchen River
THAILAND
Coral Bk
St. Mathew's
N Rocky
W Rocky I
Davis I
Ko-Chang
Haycock
Ko Phayam
Christie I
41
Ko Kan Yai
4
Ko Surin Tai
Chieo Lan Reservoir
Ko Ra
401
Surat Thani
Ko Tachai
Ko Phra Thong
401
Ko Bon
Nakhon Si Thammarat
401
Similan Inseln
THAILAND
Phang nga.
41
4
402
401
Krabi
Ko Phuket
403
Phuket
4
Ko Yao Yai
Ko Kai
Ko Pee Pee
Ko Kaeo Noi
Hin Bida
Ko Racha Yai
Ko Ma
4
Ko Lanta Yai
Ko Racha Noi
Ko Ha Yai
Ko Rok Nai
Ko Rok Nok
Hin Daeng
Ko Bulaobot
Hin Takon Po
Ko Tarutao
Butang Gruppe
Ko Adang
Ko Lipe
Pulau Langkawi

In der Andamanensee gibt es lohnende Tauchplätze zu entdecken

Sichtweiten an den Plätzen in unmittelbarer Umgebung der Insel ganz erheblich. Dennoch führt Phuket die Liste aller Taucher in Thailand unangefochten an. Abseitsgelegene Tauchplätze und die Inseln der Similan und Surin Gruppe zählen zu den besten Tauchgründen Thailands. Mit noch größeren und noch schnelleren Schiffen werden die Burma Banks angefahren. 1993 starteten die ersten Tauchexpeditionen zu den Andamanen Inseln von Phuket aus. Aber auch weiter südlich werden ständig neue Tauchschulen eröffnet.

Ko Pee Pee war lange Zeit ein Geheimtip; jetzt mußte der Verkehr der Transferschiffe zu der einst zauberhaften Insel staatlich limitiert werden. Der neue Insiderpfeil zeigt auf Ko Lanta. Von dort aus werden Tauchgründe erschlossen, die noch völlig unberührt erscheinen und von einzigartiger Arten- und Formenvielfalt sind. Der südlichste Teil der thailändischen Andamanensee endet mit dem Tarutao Nationalpark und einer fast unbetauchten Unterwasserwelt.

Tauchziele in der Andamanensee

Phuket

Phuket (sprich: Pu-ket) ist mit 539 km² die größte Insel und reichste Provinz Thailands. Die Insel ist in Nord-Süd-Richtung etwa 50 km lang und 21 km breit. Der Name stammt von dem malaiischen Wort „bukit" und bedeutet Hügel. Die

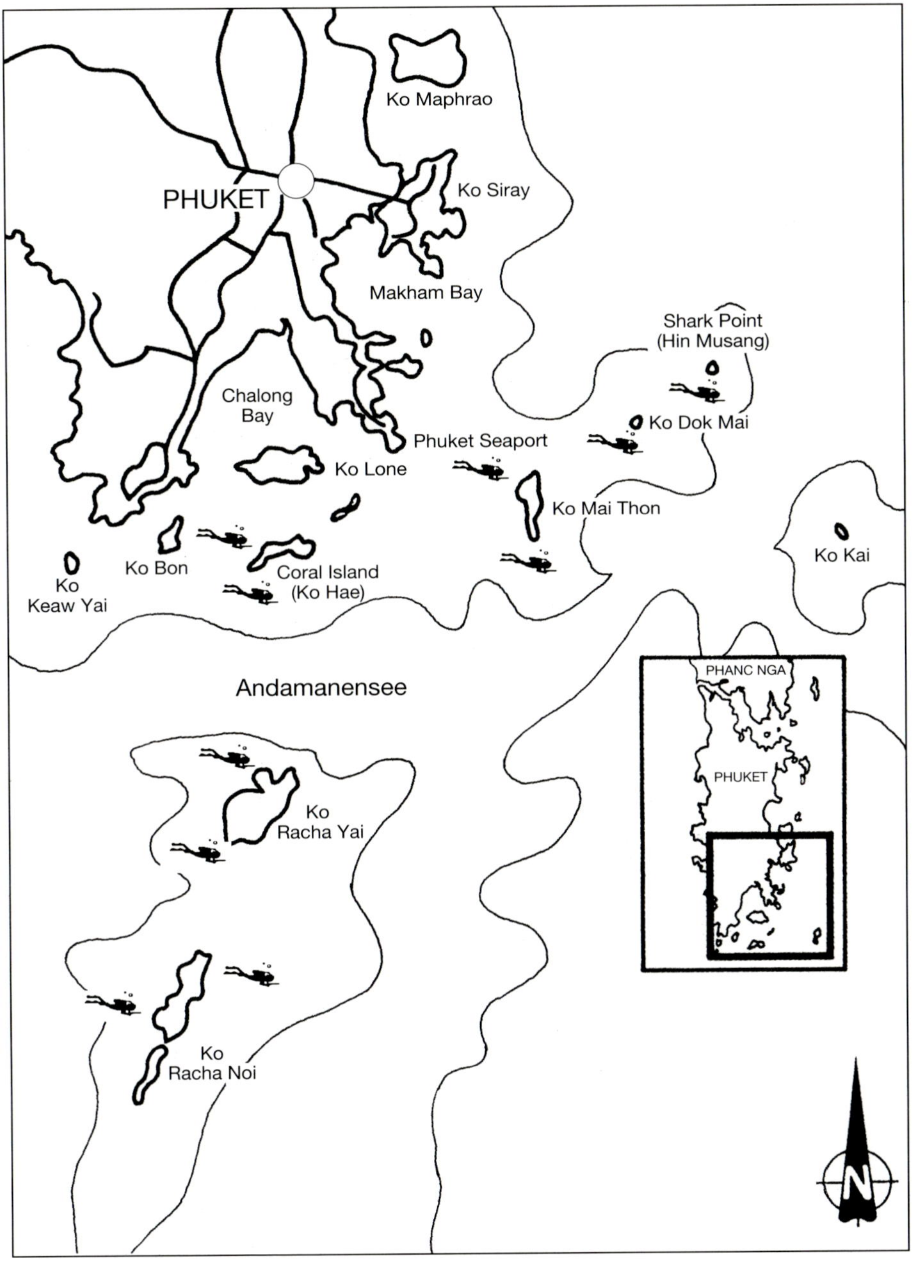

Ko Maphrao

PHUKET

Ko Siray

Makham Bay

Shark Point
(Hin Musang)

Ko Dok Mai

Chalong
Bay

Phuket Seaport

Ko Lone

Ko Mai Thon

Ko Kai

Ko Bon

Coral Island
(Ko Hae)

Ko
Keaw Yai

Andamanensee

Ko
Racha Yai

PHANC NGA

PHUKET

Ko
Racha Noi

N

165 000 Bewohner teilen sich in 25% Moslems, 55% buddhistische Thais und rund 20% Chinesen auf. Den wirtschaftlichen Aufschwung erlebte die Insel durch Kautschukplantagen, Perlenzuchten, Kopra und Zinn, das auch heute noch unter Wasser abgebaut wird. Hinzu kommen die Devisen aus dem ständig wachsenden Tourismusgeschäft.

Phuket avancierte in den letzten Jahren zum internationalen Rummelplatz. Längst sind die paradiesischen Zeiten einer Billigdestination verstrichen, und bereits 1992 wartete die Insel mit einer Übernachtungskapazität von 19 000 Betten auf. Mit Chartermaschinen kann Phuket direkt aus Europa angeflogen werden. Von den jährlich 300 000 Besuchern stellen Deutschland 75 000, die Schweiz 25 000 und Österreich 15 000 Gäste. Trotz ständiger Bauaktivitäten, Sextourismus am Patong Beach und einer Unzahl von fliegenden, stehenden, sitzenden, teilweise unverschämten Händlern in den Touristenzentren hat Phuket immer noch einsame Strände und typisches thailändisches Flair zu bieten. Wer also die Mischung zwischen Highlife, Luxus und Krach, gepaart mit tropischer Palmenidylle und langen weißen Stränden mag, ist mit Phuket gut beraten. Ein großer Pluspunkt für Taucher besteht in dem vielfältigen Angebot an täglichen Tauchausfahrten. 1993 gab es bereits 35 Tauchschulen auf Phuket, von denen eine Auswahl der besten und zuverlässigsten im Informationsteil (siehe Seite 194 f.) aufgeführt ist.

Wissenswertes über Phuket

„Die frühe Geschichte der Insel ist in ein tiefes Mysterium gehüllt", schrieb Colonel Gerini 1905 über Phuket. Negritos von der malaiischen Halbinsel wanderten wohl als erste auf die Insel ein und vermischten sich mit den Mon und Khmer aus Burma. Hinzu kamen die „Seezigeuner", die, so wird vermutet, aus Sumatra und von den Andamanen übersiedelten und vielfach von der Pira-

Links:
Blick vom Aussichtspunkt in Richtung Nai Harn

Rechte Seite:

Oben:
Die Perle des Südens –
mehr als 300 000 Besucher tummeln sich an weißen Stränden und in Hotelburgen

Unten:
Die Nai-Harn-Halbinsel im Südosten von Phuket ist noch immer ein beliebtes Fotomotiv

terie lebten. Schnell wurden auch indische Händler auf Phuket aufmerksam und entwickelten ein besonderes Interesse an den Zinnvorkommen, aber auch an Korallen und Elfenbein.

Nachdem Vasco da Gama den Seeweg nach Indien entdeckt hatte, florierte das Zinngeschäft auch mit den europäischen Ländern. Phukets Geschichte ist von verschiedenen burmesischen Überfällen gekennzeichnet; entsprechend ging die Bevölkerungszahl bis zu Anfang des 19. Jahrhunderts von ca. 20 000 auf 6000 zurück. In den Kämpfen gegen die Burmesen taten sich die Schwestern Muk und Chan hervor. Sie trieben die Armee des Feindes, die vor den Toren von Thalang stand, mit Wasserbüffeln in die Flucht. Nachts an den Hörnern befestigte Lichter erschreckten die Burmesen derartig, daß sie mit wehenden Fahnen das Feld räumten. Die Schwestern wurden für diese Tat geadelt, und man errichtete

ihnen zwölf Kilometer nördlich von Phuket Town ein Denkmal. Dieses Wahrzeichen Phukets steht heute im Kreisverkehr auf dem Weg zum Airport.

Das Vegetarische Fest

Unter allen thailändischen Feiertagen stellt das Vegetarische Fest sicherlich eines der beeindruckendsten Ereignisse dar. Neun Tage kleiden sich alle Teilnehmer zum Zeichen der Reinigung von Körper und Geist ganz in Weiß. Die vegetarische Diät beinhaltet ebenfalls die Abstinenz von Alkohol, Sex, Drogen, Streit und Lügen. Am letzten Tag des achten Mondmonats werden in einer nächtlichen Zeremonie die Schutzpatrone, die neun Kaiser-Götter, angerufen. Haben sie nach dem Wurf der Orakelsteine die Einladung angenommen, kann das Fest beginnen. An den neun Tagen werden viele Prozessionen abgehalten, bei denen sich die Teilnehmer die unmöglichsten Ge-

genstände durch die Wangen stoßen, Feuerläufe machen und aufgestellte „Schwertleitern" besteigen, um zu ihren Schutzgeistern zu beten. Diese Teilnehmer, die sogenannten Medien, sind wahrscheinlich in Trance, und die ihnen innewohnende Kraft der Schutzgeister bewirkt, daß sie keinen Schmerz verspüren und kein Blut fließt. Am neunten Tag werden die Schutzgeister unter lautem Getrommel verabschiedet und mit einem Feuerwerk wieder auf den Weg in ihren Himmel geschickt.

Dieses Fest ist nur etwas für nervenstarke und lärmunempfindliche Europäer; es zeigt eine nur schwer verständliche Seite des geheimnisvollen Südostasiens. Das Thailändische Fremdenverkehrsamt in Frankfurt (Telefon 069/289805) informiert über die genauen Termine des jährlich Mitte Oktober stattfindenden Vegetarischen Festes.

Sehenswürdigkeiten

Thai Boxen
Am südlichen Rand von Phuket Town liegt das Boxstadium, in dem jeden Freitagabend ab 20.00 Uhr Wettkämpfe stattfinden. Karten kosten zwischen 60 und 150 THB.

Rang Hill
Dieser Berg liegt im Nordosten von Phuket Town und ermöglicht einen schönen Ausblick über die Stadt. Heute kann man selbigen Blick aber auch schon aus dem Zimmerfenster der größeren Hotels genießen.

Linke Seite:
Das Vegetarische Fest: Ein „Medium" in Trance verspürt angeblich keinen Schmerz

Unten:
Der beeindruckendste Tempel auf Phuket: What Chalong

Wat Phra Thong
Der Wat Phra Thong liegt landeinwärts des Nai Yang Beaches und beherbergt den sagenumwobenen halbvergrabenen goldenen Bhudda.

Wat Chalong
Acht Kilometer südwestlich von Phuket Town liegt der Wat Chalong, einer der berühmtesten Tempel der Insel. Der Wat Chalong mit den sehr verehrten Mönchstatuen Luang Pho Chaem und Luang Pho Chuang ist ab dem Kreisverkehr ausgeschildert. Dort gibt es auch eine echte Thai Massage.

Bang Niaw Tempel
In Phuket Town an der Phuket Road liegt dieser chinesische Tempel. Es ist der größte Tempel der Stadt und fasziniert durch seine fremdartige Ausstrahlung, die man in aller Ruhe auf sich wirken lassen kann. Während des Vegetarischen Festes herrscht dort allerdings ein reges Treiben der gläubigen Mahayana-Buddhisten.

Put Jaw und Jui Tui Tempel
In der Soi Pho Thon in Phuket Town befinden sich der älteste und der jüngste chinesische Tempel. In dieser gut frequentierten Anlage zelebrieren Mönche und Gläubige täglich religiöse Handlungen, wobei sie sich mit Räucherstäbchen und Orakelzettelchen ihre Zukunft vorhersagen lassen.

Orchid Garden & Thai Village
Vom Stadtteil Samong in Phuket Town immer den nicht zu übersehenden Hinweisschildern folgend erreicht man den Orchideengarten, der mit dem Thai Village gekoppelt ist. Dort finden sehr schöne Folklore Darbietungen mit anschließenden Elefantenshows statt. Interessant ist auch das große Handwerkscenter.

Butterfly Garden & Aquarium
Die Schmetterlingsfarm mit Aquarium erfreut sich zunehmender Beliebtheit und ist wirklich überall auf der Insel durch große Plakate ausgeschildert. Sehr empfehlens- und sehenswert!

Krokodilfarm
Die Krokodilfarm liegt nahe Phuket Stadt. Zu sehen sind etwa 1000 Krokodile und viele Krokodillederprodukte. Weniger empfehlenswert!

Go-Kart-Bahn
Eine interessante Go-Kart-Bahn liegt unübersehbar an der Straße von Phuket Town zur Patong. Achtung: die 230 ccm Go-Karts erreichen Geschwindigkeiten bis zu 120 km/h. Öffnungszeiten täglich von 10.00 bis 22.00 Uhr

Bungee Jumping
Es gibt zwei Anlagen auf Phuket: eine liegt zwischen der Patong und Phuket Town – dort kann man sich aus etwa 50 Meter Höhe in die Tiefe stürzen – eine weitere steht in der Barzeile „Sunset Strip" vor dem Expat Hotel. Dort wird man auf dem Boden stehend festgeschnallt, läßt sich in die Höhe katapul-tieren und pendelt dann an einem langen Gummi aus.

Ko Siray
Eine kleine Insel, die durch eine Brücke mit Phuket verbunden ist. Dort leben die Seezigeuner (Chao Le), die jedoch schon bestens auf Touristen eingestellt sind.

Phang Nga Bucht
Eine sehenswerte Bucht mit vielen kleinen Inseln und bizarren Felsformationen. Jeder kennt und preist den berühmten „James-Bond-Felsen" an, der jedoch insbesondere in der Hochsaison total überlaufen ist. Trotzdem ein Muß für den Besucher Phukets.

Links:
Traditionelle Thai-Tänze im Thai Village, Rose Garden

Unten:
Die einst geheimen Pfade, die heute jeder kennt: Touristenansturm auf den „James-Bond-Felsen" bei Phang Nga

Khao Pra Thaew Wildlife & Forest Park
Für Naturinteressierte sei der Khao Pra Thaew Wildlife & Forest Park angemerkt, der mit einem Wanderpfad und zwei Wasserfällen beeindruckt. Dort sind auch einheimische Tiere in Freigehegen zu sehen. Das Reservat liegt ostwärts der Stadt Thalang.

Hauptsaison für Taucher
Die beste Reisezeit für Phuket ist von November bis Mai. Die letzten zwei Monate werden bei Windstille sehr heiß, bieten aber bei ruhiger See phantastische Sichtverhältnisse unter Wasser. Danach setzen mit aufkommenden Südwestwinden Regenfälle ein, die bis zum Oktober anhalten.

Tauchen um Phuket
In der Andamanensee liegen die besten Tauchgründe Thailands. So ist es kaum verwunderlich, daß aufgrund der touristischen Entwicklung Phukets das Tauchgeschäft boomt und jedes Jahr die Anzahl der Tauchschulen steigt. Längst gehört die Zeit der Longtailausfahrten der Vergangenheit an, und die Tauchschiffe werden immer größer und komfortabler, so daß einige Anbieter sogar in der Regensaison ihre Geschäfte weiterführen. Diese Ausfahrten sind jedoch aufgrund der schlechten Sichtverhältnisse an den Tauchplätzen nicht zu empfehlen. Die Korallenriffe erfreuen sich unterschiedlichster Formationen, der Fischbestand ist sehr gut. Häufig sind

Zutrauliche Rotfeuerfische in der Andamanensee nähern sich oft ohne Scheu

Burma

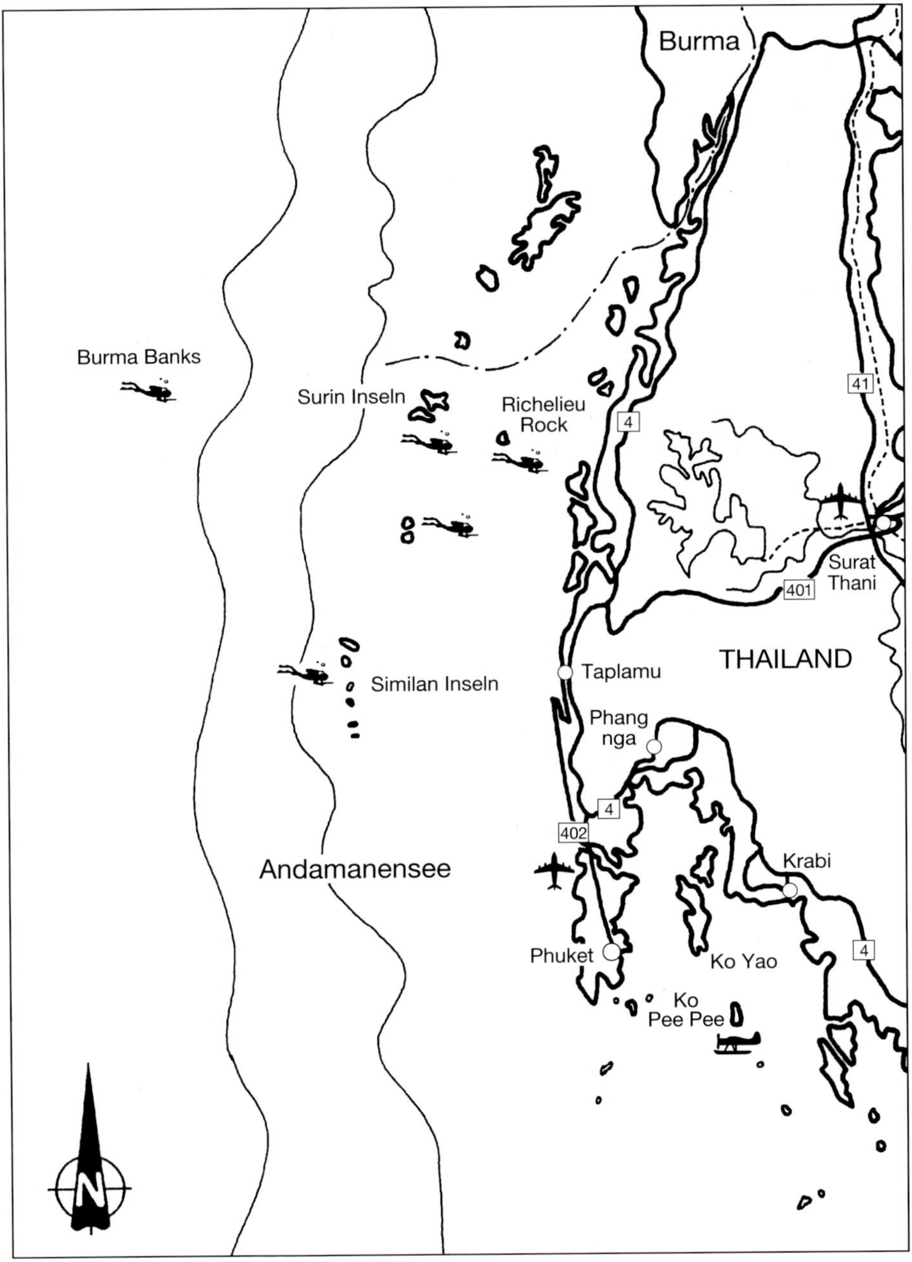

Burma Banks

Surin Inseln

Richelieu
Rock

[4]

[41]

Surat
Thani

[401]

THAILAND

Taplamu

Similan Inseln

Phang
nga

[4]

[402]

Krabi

Andamanensee

[4]

Phuket

Ko Yao

Ko
Pee Pee

N

Rotfeuerfische anzutreffen, die sich so gut an die vielen Taucher gewöhnt haben, daß sie mitunter fast aufdringlich werden. Sehr interessiert an den Tauchern zeigen sich auch einige Sepien, die allerdings weniger gefährlich sind. Im November und Dezember konnte ich sie öfters bei der Paarung beobachten. Bei diesem seltenen Schauspiel zeigen die Tiere ein eindrucksvolles, leuchtendes Farbenspiel ihrer Hautpigmente. Die Riffe um Phuket weisen durchschnittliche Tiefen zwischen 15 und 36 Meter auf und fallen dann mit sandigem Meeresboden meist flach ab. Auf diesen Sandböden können mit etwas Glück Leopardenhaie gesichtet werden.

Von Phuket starten Tagesausfahrten, zweitägige Tauchausflüge nach Ko Pee Pee und mehrtägige Tauchkreuzfahrten zu den Similan Inseln und den Burma Banks. Bedauerlicherweise wurden einige der angelaufenen Riffe der Burma Banks, die für große Vorkommen von Silberspitzenhaien bekannt waren, durch Dynamitfischerei zerstört. Da der natürliche Wiederaufbau der Riffe viele Jahre dauern wird, müssen die Tauchschiffe auf andere Riffe ausweichen. Da die Korallenriffe aber sehr zahlreich und flächenmäßig groß genug sind, bleiben die Burma Banks auch weiterhin ein beliebtes Tauchziel Phukets. Zusätzlich nahmen die Tauchschulen „South East Asia", „FANTASEA DIVERS", MARINA DIVERS" und ein aus Deutschland zu charterndes Schiff, die „El Tiburon", die Inselgruppe der Andamanen ins Programm.

Am beliebtesten und am meisten frequentiert sind die Tagestouren zu den Racha Islands, nach Ko Dok Mai, zum Anemonen Riff und zum Shark Point. Diese Ausfahrten beginnen in der Regel

morgens zwischen 7.30 und 8.00 Uhr mit dem Abholservice vom Hotel und führen nach einem kleinen „sightseeing" (um die anderen Taucher von den Sammelpunkten aufzulesen) zur Chalong Bay am Südostende der Insel. Dort liegen alle Tauchschiffe vor Anker.

Die Tauchplätze

Sharkpoint

liegt östlich, ca. 1,5 Bootsstunden von Phuket entfernt, Tauchtiefen bis 25 Meter. Der Sharkpoint besticht durch seine Formationen, den artenreichen Korallenbewuchs sowie seine Fischvielfalt. Mit etwas Glück kann man die Schlafstellen der recht ortstreuen Leopardenhaie aufspüren. An diesem Tauchplatz hat eine große Anzahl von Rotfeuerfischen ihr Revier, die teils recht zutraulich, teils aber fast angriffslustig sind. Es ist also Vorsicht

geboten! Sollten Geschichten aus dem Taucherlatein von Muränen- und Haifütterungen am Sharkpoint berichten, so ist dies auf keinen Fall zur Nachahmung empfohlen! Taucher sind und bleiben beobachtende Gäste in der Unterwasserwelt. Die Sichtweiten am Sharkpoint variieren zwischen 10 und 20 Metern.

Anemonenriff

liegt etwa 750 Meter nördlich vom Sharkpoint und ist ein kleiner, sehr schöner Tauchplatz. Dort haben sich – wie der Name verrät – viele Anemonen angesiedelt. Aufgrund des wunderschönen Bewuchses erfreut sich der Tauchplatz ganz besonderer Beliebtheit. Das Riff verläuft ziemlich genau in Nord-Süd-Richtung und hat eine Ausdehnung von lediglich 50 x 30 Meter; es fällt bis auf 25 Meter ab. Das Riffdach ragt bis auf fünf Meter unter die Wasseroberfläche

und eignet sich bei ruhiger See und geringer Strömung wunderbar zum Schnorcheln. Aufgrund der Nähe zum Sharkpoint wird dieses Riff häufig als zweiter Tauchplatz bei Tagesfahrten angelaufen. Hier können, wie auch am Sharkpoint, oft Leopardenhaie beobachtet werden, die zwischen beiden Riffen hin und her pendeln.

Ko Dok Mai

liegt unweit vom Sharkpoint und wird oft als zweiter Tauchgang bei einer Tagesausfahrt angeboten. Tauchtiefen bis 30 Meter. Um diese Insel befinden sich kleinere Korallenblöcke mit buntem, tropischem Leben und schönem Korallenbewuchs. Weiterhin kann direkt an der Insel die Steilwand mit einer Reihe von Höhlen betaucht werden. Sichtweiten in der Regel zwischen 20 und 40 Metern.

Ko Racha

Die Racha Inseln teilen sich in Racha Yai und Racha Noi auf. Sie liegen etwa zwei Bootsstunden südlich von Phuket. Tauchtiefen bis 30 Meter. An diesen Riffen gibt es große Felsformationen unter Wasser und gut bewachsene Riffabfälle. Im ersten Quartal können dort bisweilen Mantas und/oder Walhaie beobachtet werden.

Weitere Riffe, die zu Ausbildungszwecken vor der Westküste Phukets angefahren werde, finden Sie in der Kurzbeschreibung im Informationsteil.

Die Tauchplätze um Ko Pee Pee, die von Phuket in Zweitagestouren angeboten werden, sind im Kapitel unter Ko Pee Pee beschrieben.

Rifflandschaft am Sharkpoint bei Phuket

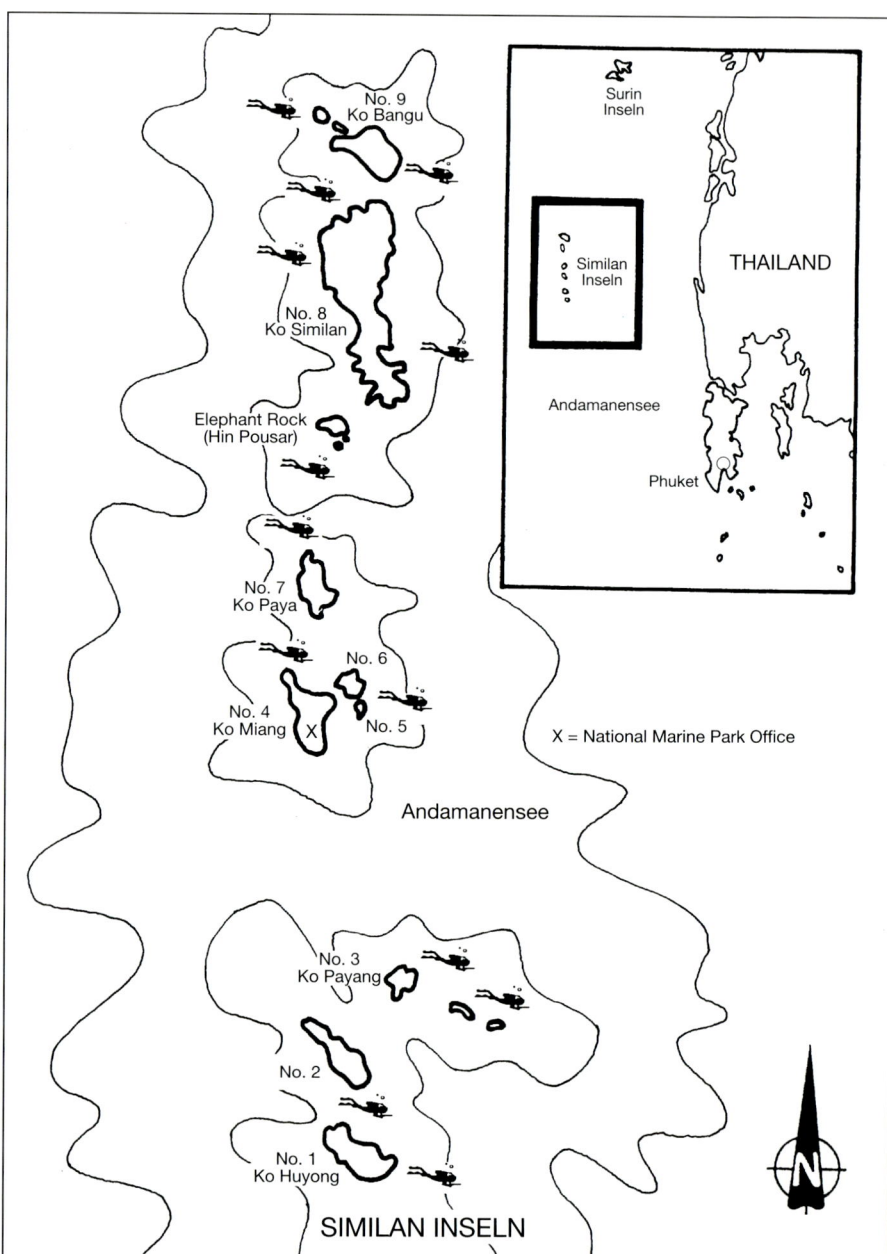

No. 9
Ko Bangu

Surin
Inseln

Similan
Inseln

THAILAND

No. 8
Ko Similan

Andamanensee

Elephant Rock
(Hin Pousar)

Phuket

No. 7
Ko Paya

No. 6

No. 4
Ko Miang   X   No. 5

X = National Marine Park Office

Andamanensee

No. 3
Ko Payang

No. 2

No. 1
Ko Huyong

N

SIMILAN INSELN

Similan Inseln

Neun unbewohnte kleine Eilande bilden die Gruppe der Similan Inseln, die etwa 54 Seemeilen nordwestlich von Phuket liegen. Die Schiffe bewältigen diese Distanz je nach nach Größe und Motorenleistung in drei bis acht Stunden. Die meisten Tauchschulen lassen ihre Schiffe vor Thap Lamu anlegen und befördern die Tauchgäste mit dem Auto. Der Seeweg von Thap Lamu bis zu den Similan Inseln beträgt dann noch 37 Seemeilen. Einst Geheimtip für wenige Taucher erfreuen sich die „Similans" ständig wachsender Besucherzahlen. Die Inseln sind bereits seit einigen Jahren zum Nationalpark erklärt, und die thailändische Regierung ist bestrebt, die Unberührtheit an Land und unter Wasser zu erhalten. Ob dies jedoch gelingt, erscheint fraglich. Immer mehr Taucher und Schnorchler besuchen die Similan Inseln. Sie beherbergen wohl die schönsten Unterwasserlandschaften, die von Phuket aus erreichbar sind. Die Similan Inseln bestechen durch ihre große Artenvielfalt von Hart- und Weichkorallen, durch interessante Rifformationen und ihren großen Bestand tropischer Meeresfische. Mit dem nötigen Taucherglück können auch Großfische beobachtet werden.

Der Einfachheit halber sind die Inseln von eins bis neun durchnummeriert. Die meisten Tauchschiffe beginnen ihre Tauchtage im Norden um die Inseln

Oben:
Viele thailändische Kreuzfahrtschiffe beeindrucken durch eigentümliche Aufbauten. Sie sind rustikal, aber für Taucher zweckmäßig eingerichtet

Rechts:
Das Erkennungszeichen der Similan-Inseln: der Tränen-Tropfen-Felsen auf der Insel Nr. 8

Nr. 8 und Nr. 9 und setzen ihre Aktivitäten in südlicher Richtung bis zur Insel Nr. 1 fort. Nachts liegen die Schiffe in der geschützten Bucht vor Nr. 8.

Die Tauchgründe der Similan Inseln

Insel Nr. 8 (Ko Similan): Ein riesiger – mit etwas Vorstellung – tropfenförmiger Felsen ist das Erkennungszeichen der „Similan Insel". Ein Aufstieg lohnt sich in jedem Fall. Hier kommen nicht nur Fotografen auf ihre Kosten, sondern auch diejenigen, die einfach einen atemberaubenden Blick über die Bucht genießen wollen. Getaucht wird in der Regel am „Fantasy Riff", das der Insel westlich vorgelagert ist. Die beste Tauchtiefe an diesem Riff liegt bei 25 Metern. Neben dem interessanten Leben am Riff kann hin und wieder ein Blick ins Freiwasser lohnenswert sein. Oft stehen dort größere Barrakudas, oder es schwimmen Thunfische vorbei.

Insel Nr. 9 (Ko Bangu): Der „Christmas Point" am Nordwest-Ende der Insel ist der am häufigsten betauchte Platz um Ko Bangu. Dort gibt es eine Vielzahl von Überhängen und Durchlässen an und im Riff, das reich mit teilweise lila farbenen Weichkorallen bestückt ist. Seinen Namen hat das Riff von der großen Anzahl der „Christmas Trees", der Röhrenwürmer, die dort in allen Farben zu finden sind. Dieser Tauchplatz zeigt zur offenen See, wo im ersten Quartal des Jahres gelegentlich Mantas vorbeiziehen. Wem das Glück hold ist, der kann zu gleicher Jahreszeit auch auf einen Walhai treffen. Die meisten Walhaisichtungen wurden bis jetzt an der Steilwand im Zehn-Meter-Bereich gemacht!

Südlich von Insel Nr. 8 (Ko Similan) befindet sich ein großer Felsen, der aus dem Meer ragt. „Hin Pousar" wird aufgrund seiner eigenartigen Form auch der „Elefantenfelsen" genannt und zählt mit zu den beliebtesten Tauchplätzen der Similan Inseln. Aufgrund seiner ungewöhnlichen Rifflandschaft gibt es dort schöne Löcher und Höhlen, die reich mit Weichkorallen und Gorgonien bewachsen sind. Nördlich des Elefantenfelsens erstreckt sich ein Riff, das bis auf ca. acht Meter unter die Wasseroberfläche reicht und steil abfällt. Dieser Tauchplatz besticht sogar „alte Tauchhasen" immer wieder durch einzigartige Formationen und gute Sichtweiten, die selten unter 25 Metern liegen.

Insel Nr. 1 (Ko Huyong) ist die südlichste Insel der Similans. Hier gibt es wunderschöne Korallengärten im Flachwasserbereich zwischen 7 und 14 Metern. Aufgrund der geringen Strömung gilt dieser Tauchplatz als besonders sicher; meistens herrscht hier gute Sicht, teilweise bis zu 30 Metern. Die Tauchplätze um Ko Huyong bieten kaum Großfische. Dafür tummeln sich aber unzählige kleinere Meeresbewohner zwischen den Korallenstöcken, und manchmal erscheint das bunte Gewimmel tropischer Fische unüberschaubar.

Insel Nr. 4 (Ko Miang): Diese Insel liegt etwa in der Mitte der Similan Inseln und ist die einzige, die bewohnt ist. Von Ko Miang aus überwachen die „National Marine Park Authorities" die Inselgruppe. In der Hochsaison ist täglich ein kleines Restaurant geöffnet und bewirtet die zahlreichen Besucher mit einheimischen Gerichten. Von der landschaft-

Oben:
Blick von Insel Nr. 4 nach Osten auf den vorgelagerten Tauchplatz

Mitte links:
Tauchertreff vor den Similan Inseln. Nachts ankern die Schiffe in den geschützten Buchten

Mitte rechts:
Schwämme zählen zu den wirbellosen Tieren. Ein Neptunsbecher dient einem Zackenbarsch dazu, sich einen kurzfristigen Überblick zu verschaffen

Rechts:
Röhrenwürmer reagieren auf Hell-Dunkel-Kontraste und ziehen sich bei Annäherung blitzschnell zurück

lichen Schönheit der Similan Inseln verzaubert, ließ die Königstochter auf diesem Eiland ein Haus errichten. Doch
nicht nur an Land versteht diese Insel
ihre Gäste zu beeindrucken. Ko Miang
scheint mit den großen Felsen unter
Wasser Haie, Rochen und Barrakudas an-
zuziehen; mit etwas Glück sind auch
Meeresschildkröten zu beobachten. An
der ruhigen Ostseite finden sich oft
mehrere Tauchschiffe zum Ankern ein.
Dort sind auch gute Plätze für die nächtlichen Tauchaktivitäten, die zur Erkundung und Vorbereitung nachmittags
beim zweiten Tauchgang das erste
Mal besichtigt werden. An der Nordspitze von Ko Miang liegt ein Steilabfall,
der bis auf 25 Meter reicht. Dieser
Tauchplatz mit vorgelagerten Korallenblöcken erfordert jedoch einige Erfahrung, da es dort oftmals stärkere
Strömungen hat.

Insel Nr. 7 (Ko Payu) wird in der Regel
an der Nordseite betaucht. Dort fällt die
Insel steil ab und bietet Gelegenheit, auf
Schwarzspitzenhaie zu stoßen. Vom Ko-
rallenbestand ist dieser Tauchplatz eher
spärlich, und es überwiegt die Faszination der Begegnungen mit Haien und
größeren Schwärmen von Schnappern,
Süßlippen, Papageifischen und Lippfischen. Die meisten Tauchschiffe fahren
danach die Insel Nr. 5 für einen Strö-
mungstauchgang an, bevor sie wieder
in der ruhigen Lagune Ko Miangs vor
Anker gehen.

Unten:
*Mit ihren charakteristischen Booten befahren
die Seezigeuner zollfrei die Küstengewässer
zwischen Ko Surin und Burma*

Rechte Seite:
*Eine Familie der Chao Le (Seezigeuner)
auf Ko Surin*

Surin Inseln

In Verbindung mit den Tauchkreuzfahrten zu den Similan Inseln werden Abstecher zu den Surin Inseln (Ko Sindarar) angeboten. Sie liegen 56 Seemeilen nördlich der Similan Inseln. Dort gibt es drei Tauchplätze: den Richelieu Rock, Ko Born und Ko Ta Chai.

Der Richelieu Rock ist eigentlich bekannt für weniger gute Sichtverhältnisse. Dafür steigt aber mit dem erhöhten Planktonaufkommen im Wasser die Chance auf Begegnungen mit Mantas und Walhaien. Die SANTANA-Tauchschule berichtete für die Saison 93/94 von 24(!) Walhaisichtungen.

Die beiden anderen Tauchplätze weisen Tiefen um 30 Meter auf. Am Ko Ta Chai hat es leider eine beständige Strömung, die aber von gut trainierten Tauchern problemlos gemeistert werden kann.

Ein interessanter Besuch bei den Seezigeunern auf Ko Surin rundet das Programm der Tauchkreuzfahrten ab. Diese leben auf Pfahlbauten und auf Hausbooten und pendeln ohne Ausweispapiere zwischen Thailand und Burma hin und her.

Burma Banks

Die Burma Banks liegen etwa 80 Seemeilen westlich des Festlandes mitten in der Andamanensee. Es handelt sich hierbei um unterseeische Fleckenriffe, die aus 300 bis 500 Metern Tiefe bis auf acht Meter unter den Meeresspiegel emporragen. Dort finden sich viele Hochseefische ein, die aufgrund der hervorragenden Sichtverhältnisse gut beobachtet werden können. Die Burma Banks wurden durch die ortstreuen Silberspit-

zenhaie bekannt. Durch Haifütterungen bedingt erwarten die bis zu 2,5 Meter großen Haie die Taucher schon sehnsüchtig und nähern sich ohne Scheu bis auf wenige Meter. Für Großfischfans und Unterwasserfotografen sind die Burma Banks somit ein ideales Tauchrevier. Da sie jedoch mitten im Meer liegen und dort bei unruhiger See keine Ankermöglichkeiten bestehen, begrenzen sich die Tauchmöglichkeiten auf die bestmöglichen Schönwetterphasen. So kann es vorkommen, daß die geplanten Ausfahrten zu den Burma Banks nach einem Tag abgebrochen und zu den geschützten Inseln um Ko Surin umverlegt werden müssen. Die ausgeschriebene Saison von November bis April bescherte in

den letzten Jahren im Dezember stets eine unruhige See, so daß die Tauchkreuzfahrten zu den Burma Banks abgesagt werden mußten. Bei beständigen Witterungsbedingungen jedoch erwarten den Taucher herrliche Tauchabstiege. Die Burma Banks teilen sich großflächig in drei Tauchgebiete mit vielen verschiedenen Einstiegsmöglichkeiten: die Roe Banks, die Coral Banks und das Unexamined Reef. Die Tauchschulen von Phuket haben ihre eigenen Vorlieben für bestimmte Riffe entwickelt, und so können Taucher bei jeder Kreuzfahrt wieder andere Riffe entdecken.
Die Roe Banks, die aus fünf großen Riffen bestehen, beginnen auf acht Meter Tiefe. Das Riffdach fällt terrassenähnlich

Unten:
Die Burma Banks sind bekannt für die Reviertreue der Silberspitzenhaie

auf 35 bis 40 Meter ab und endet auf einer Sandfläche, die dann bis in 300 Meter Tiefe reicht. Das Unexamined Reef (bei FANTASY Divers heißt es Big Bank) mit einem sehr großen Riffdach auf zehn bis zwölf Meter Tiefe ist der Fütterungsplatz der Silberspitzenhaie. Neben einigen großen Korallenblöcken, die mit Gorgonien und Weichkorallen bewachsen sind, halten sich in versteckt gelegenen Spalten auch schlafende Ammenhaie im Riff auf. Die Coral Banks eignen sich eher für geübte Taucher, denn diese liegen tiefer und beginnen erst auf 18 bis 20 Meter.

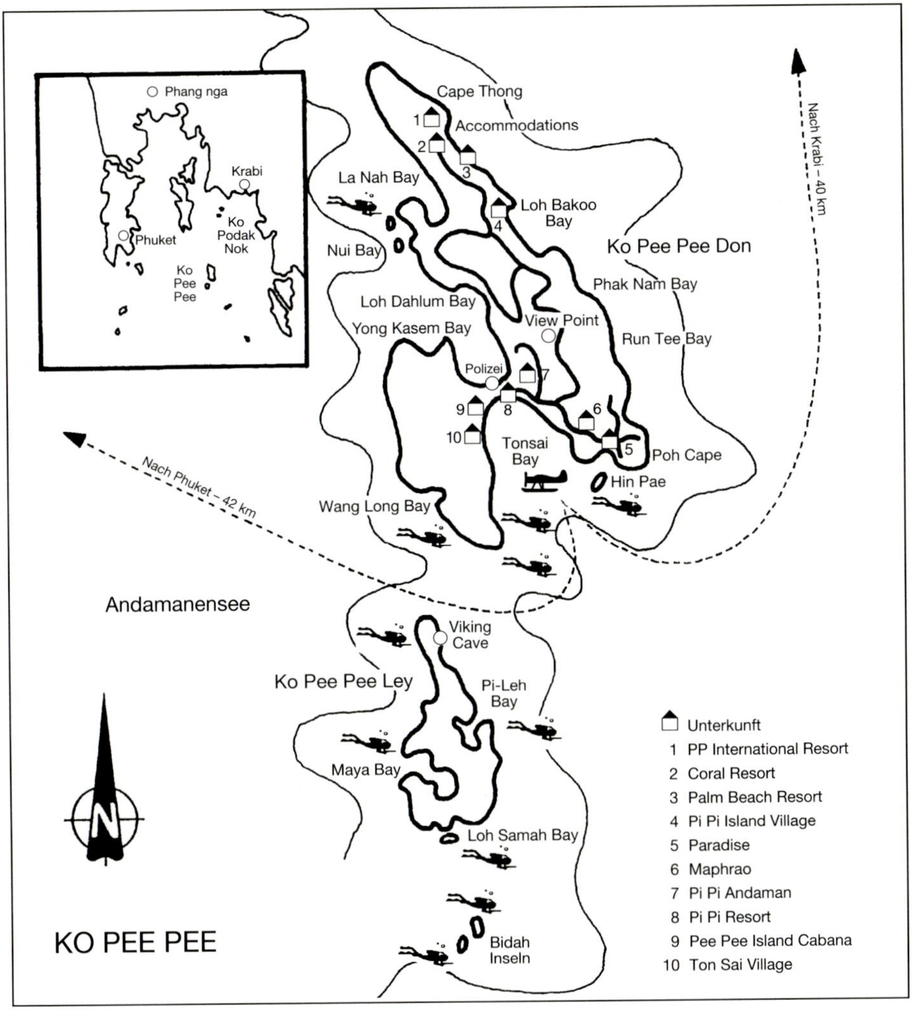

Phang nga

Krabi

Phuket

Ko Podak Nok

Ko Pee Pee

Cape Thong

1 Accommodations

2

3

La Nah Bay

Loh Bakoo Bay

4

Nui Bay

Ko Pee Pee Don

Phak Nam Bay

Loh Dahlum Bay

Yong Kasem Bay

View Point

Run Tee Bay

Polizei

7

9 8

6

10

Tonsai Bay

5

Poh Cape

Hin Pae

Nach Krabi – 40 km

Nach Phuket – 42 km

Wang Long Bay

Andamanensee

Viking Cave

Ko Pee Pee Ley

Pi-Leh Bay

Maya Bay

Loh Samah Bay

N

KO PEE PEE

Bidah Inseln

🏠 Unterkunft

1 PP International Resort
2 Coral Resort
3 Palm Beach Resort
4 Pi Pi Island Village
5 Paradise
6 Maphrao
7 Pi Pi Andaman
8 Pi Pi Resort
9 Pee Pee Island Cabana
10 Ton Sai Village

Ko Pee Pee

Die Insel, der man einst Südsee-Charakter nachsagte, teilt sich in eine bewohnte, Pee Pee Don, und eine unbewohnte, Pee Pee Ley. Nachdem ruhesuchende Traveller auf Ko Pee Pee nahezu paradiesische Strände und Palmenhaine vorgefunden hatten, avancierte die Insel schnell zum internationalen Szene-Treffpunkt. Auf Pee Pee Don nahm die touristische Entwicklung mit rasanter Geschwindigkeit ihren Lauf und mehr und mehr Bungalowanlagen schossen aus dem Boden. Heute wird das Augenmerk verstärkt auf zahlungskräftige Touristen gelegt, die mit großen Fährschiffen und Jetcats für einen Tag von Phuket anreisen. Mehr als sechs „Touristenfrachter" bringen täglich an die 2000 Besucher nach Ko Pee Pee. Motoren- und

Baulärm haben die erholsame Ruhe verdrängt, und der Blick auf das Meer beschert dem Gast die emsigen Manövrierversuche der großen Schiffe in der Bucht vor dem Anlegesteg. Das Treiben der bunten Flotte knatternder kleiner Longtailboote, die sich nach kurzer Fahrt mit ihren Gästen alle in den „einsamen, idyllischen Buchten" von Pee Pee Ley wiedertreffen, ergänzt die Geräuschkulisse auf der Insel unüberhörbar. Wer Ko Pee Pee in den Anfängen erleben durfte, wird es heute nicht mehr wiedererkennen. Es kann nur noch als ab-

Rechte Seite:
Nur selten sind die einsamen Buchten
um Ko Pee Pee auch wirklich einsam

Unten:
Luxuriöse Anlagen bestimmen heute das Bild
der Insel

schreckendes Beispiel dienen. Ko Pee Pee zeigt deutlich auf, wohin unüberlegter und unkontrollierter Tourismus führen kann. Ein großes, mehrstöckiges Hotel und eine riesige Bungalowanlage stehen mittlerweile zwischen den beiden Kalksteinmassiven auf engem Raum. Ob sich der Plan bewährt, das Touristenaufkommen mit dem „upgrading" einiger weniger luxuriöser Anlagen zu beruhigen, wird die Zukunft zeigen. Die Provinzregierung in Krabi fördert hinsichtlich des Umweltschutzes die Einschränkung des Schiffsverkehrs nach Ko Pee Pee und plant den vermehrt aufkommenden Problemen der Müllentsorgung Einhalt zu gebieten.

In den Morgenstunden lohnt sich auf dem palmenbewachsenen Teil Pee Pee Dons allerdings immer noch ein Aufstieg zum Viewpoint für die Erinnerungsfotos. Dann steht die Sonne am besten und bescheint die Insel eindrucksvoll.

Unterkünfte gibt es auf Ko Pee Pee für jeden Geldbeutel und Geschmack. Die nobelsten Anlagen sind das Hotel und das Pee Pee Island Cabana mit Zimmerpreisen deutlich über 100 DM. In der „rückwärtigen Bucht", der Back Bay, stehen die Resorts „Charly's" (schön unter Palmen gelegen) und „P. P. Princess" mit geräumigen Bungalows.

Doch gleich, an welchem Strand eine Unterkunft gewählt wird: jeder verfügbare Platz ist mit maximaler Effizienz bebaut. Für Taucher stellt sich das Problem, daß es auf Ko Pee keine Verkehrsmittel gibt. Die Unterkunftssuche beschränkt sich somit auf die den Tauchschulen nahegelegenen Anlagen, die sich alle in der Tonsai Bay nahe dem Anleger befinden.

Das Angebot der Tauchschulen (es gibt etwa 15 auf engstem Raum) ist nahezu unüberschaubar. Alle Tauchschulen buhlen verstärkt um die Gunst der Tauchgäste und führen eine harte Preispolitik. Das kommt den Tauchreisenden mit limitiertem Budget sehr zugute, denn teilweise können günstigste „Schnäppchen mit einer Tagesausfahrt einschließlich zwei Tauchgängen und Mittagsverpflegung für 800 Baht (umgerechnet 55 DM) ergattert werden. In der Regel werden die täglichen Tauchausfahrten zu den umliegenden Plätzen (bis auf wenige Ausnahmen der großen Tauchschulen) mit Longtails durchgeführt. Führend aufgrund ihrer Professionalität fallen sicherlich die großen Tauchschulen, wie Moskito Divers oder Barrakuda, gleich ins Auge. Den Moskito Divers ist eine Reef Deko Bar angeschlossen, die nicht nur durch eine gemütliche Atmosphäre überzeugt, sondern auch sofort die besten Kontakte zu anderen Tauchern bringt.

Bevor man auf die „Super-Sonder-Billigangebote" der kleineren Tauchschulen eingeht, empfiehlt sich ein kritischer Blick: Prüfen Sie die Tauchausrüstung, mit der getaucht werden soll, die Verbände, nach denen ausgebildet wird, die verfügbaren Boote mit den notwendigen Sicherheits- und Erste-Hilfe-Einrichtungen und vergleichen Sie dann das angebotene Preis-Leistungs-Verhältnis mit den größeren etablierten Tauchbasen.

Oben links:
Vorbereitung zum Tauchen um Ko Pee Pee

Oben rechts:
Schmale Gassen laden zum Bummeln ein

Unten:
Etwa 150 Longtailboote stehen für die täglichen Ausflüge bereit

Tauchplätze

Die Tauchplätze liegen mit Ausnahme von Ko Bida und Hin Bida alle um die beiden Hauptinseln Pee Pee Don und Pee Pee Ley. Die Anfahrtswege sind nicht sehr weit, dafür aber bei windbedingtem Seegang zwischen den Inseln mit den kleinen Longtailbooten oftmals sehr abenteuerlich.

Die längste Anfahrt führt in ca. 35 Minuten nach Ko Bida, das sich in zwei kleine unbewohnte Felsinseln teilt: Bida Nok und Bida Noi. Diese beiden Tauchplätze werden auch von Ko Lanta aus angefahren und versprechen Tauchgänge bis zu 30 Meter Tiefe. An den Steilwänden Ko Bidas ist der Korallenbewuchs größer und der Fischbestand artenreicher als an den Riffen um Ko Pee Pee. Zusätzlich können dort Kalmare und Sepien beobachtet werden. Mit etwas Geduld bei der Annäherung gelingen gute Photos von Oktopussen. Die schönsten Tauchplätze von Ko Bida liegen an den Ostseiten der

Inseln. Bei guten Wetterbedingungen wird von einigen Tauchschulen der weiter entfernte Hin-Bida-Felsen angefahren (siehe Seite 141). Hin Bida wird von jedem Tauchshop auf Ko Pee Pee gepriesen, denn dort halten sich stets ein paar Leopardenhaie auf. Während das zutrauliche Verhalten dieser eleganten Tiere die eher unerfahrenen Taucher verunsichert, können die „alten Hasen" beste Unterwasserfotos schießen.

Die am häufigsten angelaufenen Tauchplätze befinden sich um das nahe gelegene Pee Pee Ley. Maya Bay und Loh Samah Bay sind zwei bekannte Orte, an denen sich auch große Schiffe und Longtailboote mit vielen Schnorchlern einfinden. An den Steilwänden der Kalksteinfelsen, die sich unter Wasser fortset-

Unten:
Nur mit Geduld gelingen gute Portraits von Leopardenhaien

Rechte Seite:
Farbenprächtiger Makrobereich um Ko Pee Pee

zen, und in den Einbuchtungen findet der aufmerksame Taucher bei näherer Betrachtung viel Sehenswertes. Zahlreiche tropische Riffbewohner tummeln sich zwischen Hart- und Weichkorallen. In den engen Spalten müssen Garnelen und Krebse ihren Lebensraum behaupten. Leider bleibt an den Tauchplätzen um Ko Pee Pee die Sicht, bis auf wenige Ausnahmen im April und Mai, meistens auf fünf bis acht Meter beschränkt. Nur selten werden zwischen November und März Sichtweiten über 15 Meter erreicht. Vor Pee Pee Don wird am Hin Pae Felsen, im südöstlichen Teil der Tonsai Bucht, vor der Wan Long Bay und um die der Nui Bay vorgelagerten Felsen getaucht. Dort finden sich auch die Taucher von Phuket bei ihren Zwei-Tages-Ausflügen ein! Die

Tauchtiefen liegen um Ko Pee Pee zwischen 7 und 20 Meter. Die Unterwasserlandschaft zeigt sich für das hohe Aufkommen von Tauchbeginnern erstaunlich intakt. Grund dafür sind sicherlich die vielen Steilwände rings um Pee Pee Don und Pee Pee Ley. Der zweite Tauchgang einer Tagesausfahrt wird häufig am Hin Pae Felsen gemacht, weil dieser Tauchplatz geschützt liegt und nicht tief ist. Das Riff fällt auf 10 bis 15 Meter ab und besitzt vorgelagert einige verstreut liegende Mini-Fleckenriffe. Über den Korallenstöcken stehen viele bunte Riffbarscharten, die sich bei Gefahr blitzschnell in ihre festen Plätze zwischen den Korallenverästelungen zurückziehen. Vor Hin Pae werden auch die Nachttauchgänge von Ko Pee Pee aus durchgeführt.

Krabi

Krabi ist die Hauptstadt der gleichnamigen Provinz Südthailands. Dort leben etwa 300 000 Menschen auf einer Fläche von 4624 km², die sich je zur Hälfte in Buddhisten und Moslems auf-

teilen. Krabi hat die gleichen klimatischen Bedingungen wie Phuket: die Hauptsaison fällt also in die Zeit der europäischen Wintermonate.
Krabi wurde erst vor wenigen Jahren (1985) touristisch erschlossen und erfreut sich heute aufgrund seiner schö-

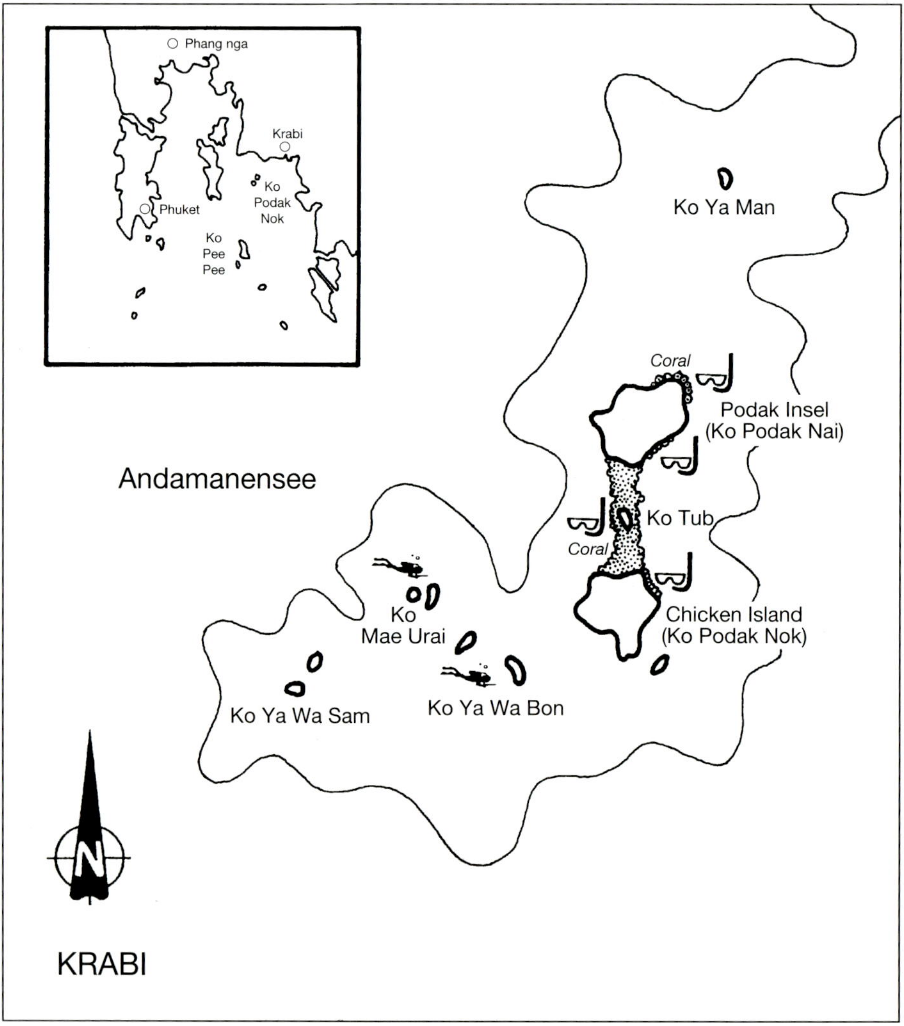

Phang nga

Krabi

Phuket

Ko Podak Nok

Ko Pee Pee

Ko Ya Man

Coral

Podak Insel (Ko Podak Nai)

Andamanensee

Ko Tub

Coral

Ko Mae Urai

Chicken Island (Ko Podak Nok)

Ko Ya Wa Sam

Ko Ya Wa Bon

N

KRABI

nen Strände und seiner landschaftlichen Lage großer Beliebtheit. Viele bizarre Felsformationen durchziehen die Provinz und geben eine Fülle spektakulärer Fotomotive.

Die Landwirtschaft Krabis ist von Kautschuk- und Ölpalmplantagen geprägt. Die jährliche Palmölproduktion beläuft sich auf über 50 000 Tonnen. Erwähnenswert ist weiterhin die große Verbreitung von Cashew Nußbäumen in der Krabi Provinz. In Küstennähe werden vorwiegend Kokosnüsse geerntet, die für den Export bestimmt sind.

In Krabi Stadt kann noch heute das typisch thailändische Stadt- und Geschäftsleben beobachtet werden. Da der Fernverkehr etwa fünf Kilometer an der Stadt vorbeiführt und die Strände, an denen die Touristen verweilen, ebenfalls außerhalb Krabis liegen, ist das einstige Hafenstädtchen immer noch von einem Hauch ursprünglichen Flairs umgeben. Der Touristenverkehr spielt sich überwiegend an der Hafenpromenade ab (Uttarakit Road). Dort befinden sich die kleinen Travel Offices, die Banken, das Postoffice und das Immigration Office. Wer von Krabi Stadt aus an die Strände oder nach Ko Lanta fährt, versorgt sich in den Banken an der Uttarakit Road mit genügend Bargeld. Sie wechseln die besten Kurse.

Die Unterkünfte der außerhalb liegenden Strände können alle in den kleinen Reisebüros an der Uttarakit Road vorgebucht

Die Limestone-Felsen: Das Wahrzeichen der Stadt am Krabi River

werden. Sie sind in der Regel alle sehr einfach und eher für Naturliebhaber geeignet. Einige wenige Hotelanlagen bieten allerdings schon echten Luxus. Die Krabi-Strände präsentieren sich dem Besucher wie das Phuket vor 20 Jahren. Die Entwicklung ist auf steigende Touristenzahlen programmiert, doch noch besitzen alle Strände und Bungalowanlagen ihren natürlichen Charme. Alle Besucher, die bereit sind, ihren Urlaub selbst mitzugestalten, und die sich in thailändischen Lebensgewohnheiten orientieren können, werden dort rundum schöne Urlaubstage ohne Hotelhochburgen und Barszene verleben können.

Linke Seite:
Pittoreske Landschaft um Krabi

Unten:
Ideal für Beginner – Tauchplätze im Flachwasser

Der Noppharat Thara Beach ist meist ziemlich leer. Bei Ebbe können dort schöne Wanderungen zu den vorgelagerten Inseln unternommen werden. Der nahegelegene Park dient am Wochenende den Thailändern als Ausflugsziel.
Der sich südlich anschließende Ao Phra Nang Beach weist schon eine größere Anzahl kleiner Bungalowanlagen und zwei Hotels auf. Er ist zugleich Krabis bekanntester Strand, der vorwiegend im nördlichen Teil erschlossen ist. Von dort legen auch Boote zu den vorgelagerten Inseln (u.a. Ko Pee Pee) und zum Fossil Shell Beach ab.
Am Ao Phra Nang Strand gibt es eine Zweigstelle der Calypso Diving Tauchschule von Gerd Winterfeld (siehe Kapitel Ko Samui, Seite 204 f.). Er fährt Tauchplätze an 14 vorgelagerten Inseln an, die schöne Formationen zeigen, Höhlentauchgänge ermöglichen und sogar eine Grotte aufweisen, in der man

auftauchen kann. Weiterhin liegen zwei Wracks vor der Küste. Am Hin Mu Sang, dem Shark Point, sind Leopardenhaie zu beobachten. Neben dem Shark Point sind Ko Mae Urai und Ko Ya Wa Bon erwähnenswerte Tauchplätze. Um Chicken Island, Ko Podak Nok, liegen zusätzlich gute Schnorchelgründe. Sie erstrecken sich über Ko Tub bis hin zur Nordspitze von Ko Padak Nai. Tauchausfahrten mit einem größeren Boot zu weiter entlegenen Tauchplätzen befinden sich in der Planung, denn das Tauchen um Krabi ist nur zur Hochsaison gut, wenn ein ruhiges Meer in den flachen Küstengewässern bessere Sichtweiten ermöglicht. Eine beeindruckende Küstenfahrt führt vorbei an den pittoresken Felsen von Tam Phra Nang zum Rai Leh Beach. Abseits jeglichen Touristentrubels wohnen dort überwiegend Traveller in einfachen Unterkünften und natürlicher Umgebung. Ungespielte thailändische Freundlichkeit dominiert die Atmosphäre an diesem Strand.

Sehenswürdigkeiten um Krabi

Ao Luk
Der landschaftlich sehr schöne Distrikt Ao Luk liegt etwa 40 km von Krabi entfernt und beherbergt Tropfsteinhöhlen,

---

Oben:
*Auf dem Weg von Ao Nang
zum Tauchen*

Unten links:
Es gibt weltweit nur drei Muschelfriedhöfe

Unten rechts:
Nacktschneckengelege sind eindrucksvolle Naturgebilde

Wasserfälle, Nationalparks und botanische Gärten. Sehenswert der Bogkorani Park. Dort auch eine kleine Anlage, das Waterfall Inn.

Su San Hoi (Shell Fossil Beach)
16 km von Krabi entfernt liegt ein Strandabschnitt, auf dem sich 75 Mio. Jahre alte Fossilien und Steinplatten befinden. Dieser recht unbekannte Muschelfriedhof erfreut sich unverständlicherweise nicht der touristischen Beliebtheit, die ihm eigentlich aufgrund seiner Besonderheit zustünde. Weltweit gibt es nämlich nur drei dieser einmaligen urgeschichtlichen Naturdenkmäler.

Huai To Wasserfall
Im Khao Phanom Nationalpark liegt dieser faszinierende Wasserfall, der sich über zehn Terrassen ergießt. Er ist leicht zugänglich und lädt zum Baden in den Kaskaden ein.

Sra Keaw
Die „Kristall- und Glasteiche" bestehen aus acht Teichen inmitten wunderschönster und fast unberührter Natur. Sie dienen zur Trinkwasserversorgung und als Badegelegenheit für Einheimische.

Wat Tham Sua Wipassana
Etwa acht Kilometer nördlich von Krabi liegt ein buddhistisches Tigerhöhlen-Kloster. In einem von hohen und steilen Felsen umgebenen Tal wohnen Mönche in kleinen versteckten Nischen.

Tam Sadet
Eine Tropfsteinhöhle, die durch eine Deckenöffnung mit Tageslicht durchflutet wird.

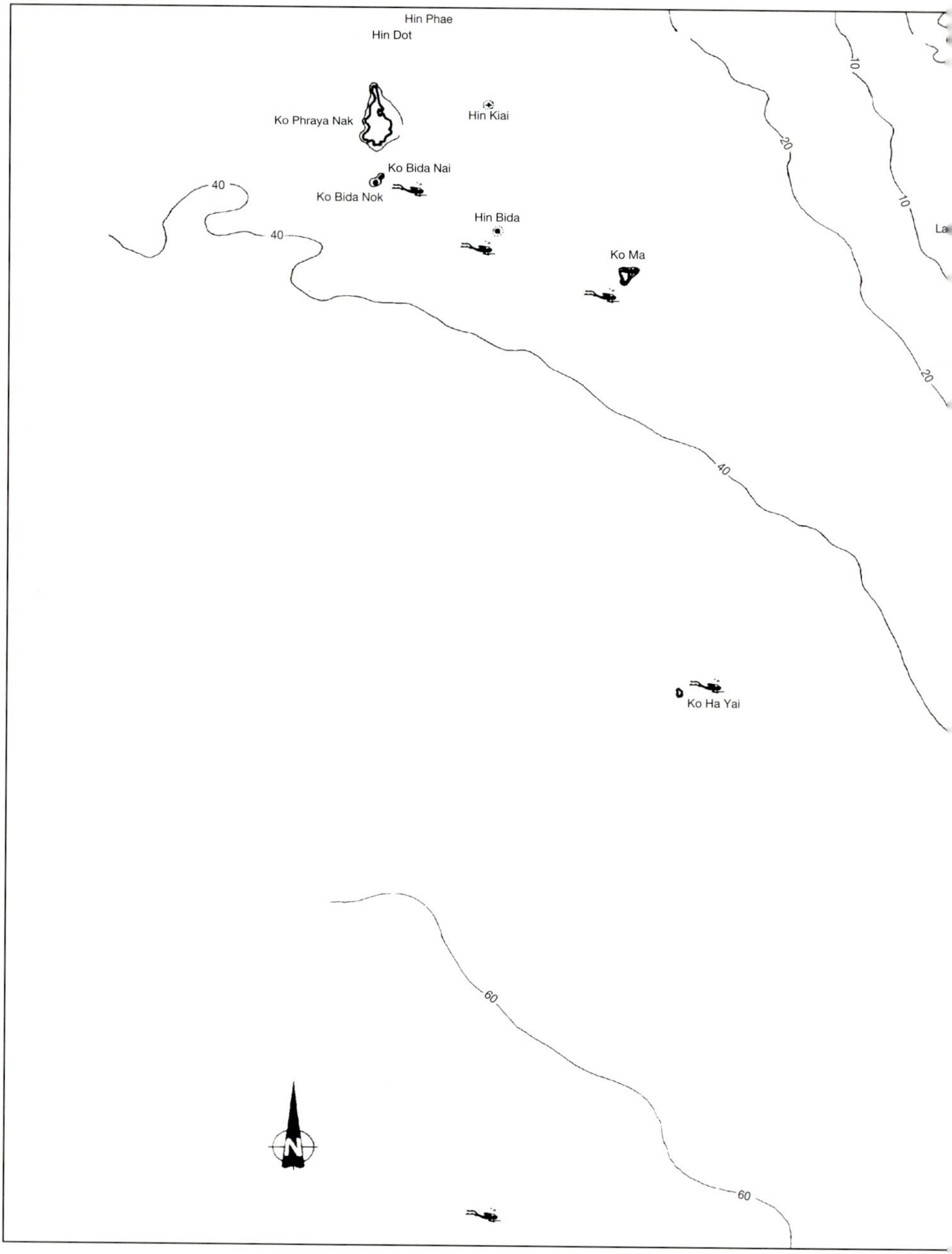

Hin Phae
Hin Dot

Ko Phraya Nak

Hin Kiai

Ko Bida Nai
Ko Bida Nok

Hin Bida

Ko Ma

40

40

40

20

10

10

20

20

40

Lai

60

Ko Ha Yai

60

60

N

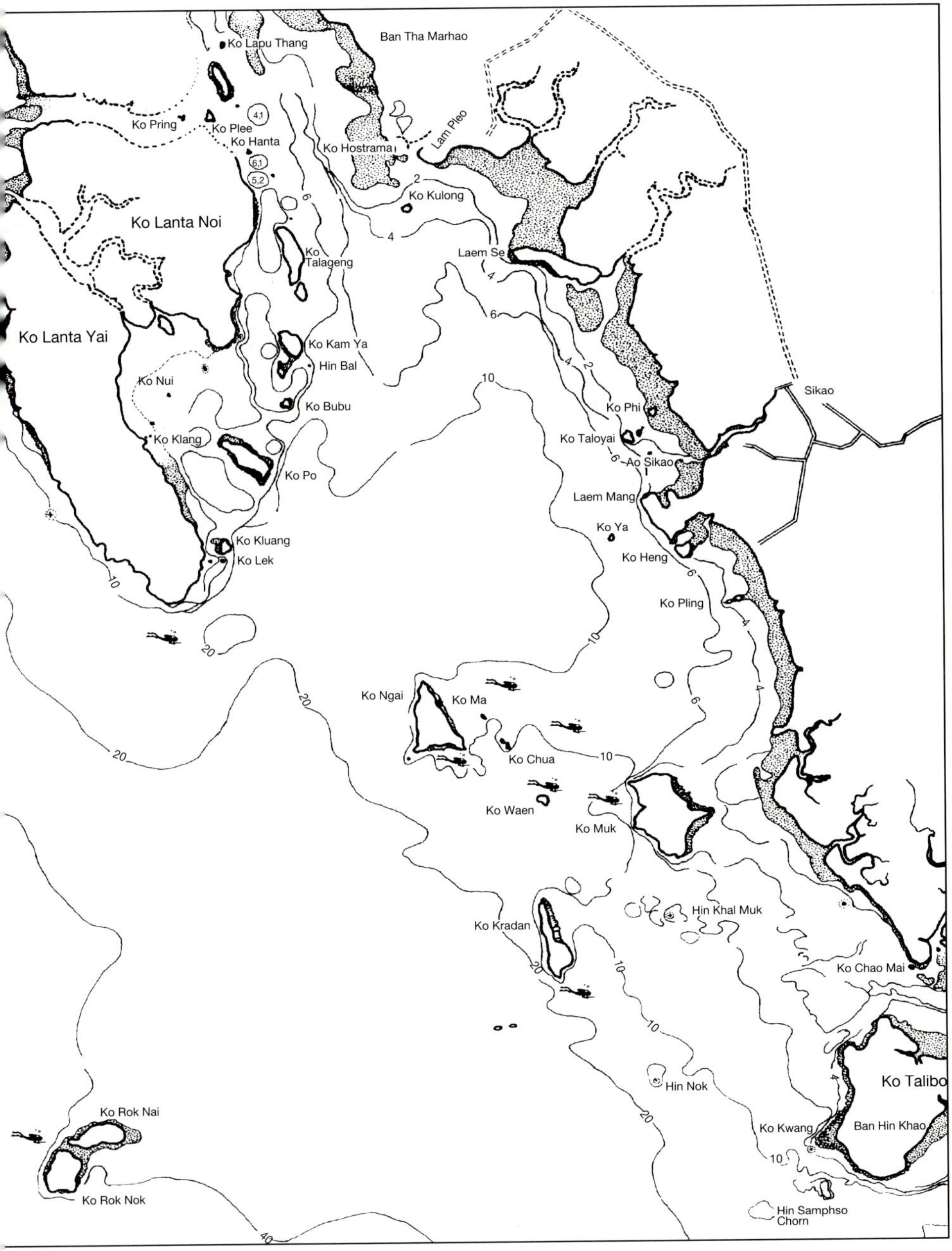

Ko Lapu Thang

Ban Tha Marhao

Ko Pring

Ko Plee

Ko Hanta

(4,1)

(6,1)

(5,2)

Lam Pleo

Ko Hostrama

Ko Kulong

2

Ko Lanta Noi

Ko Talageng

4

Laem Se

4

6

Ko Lanta Yai

Ko Kam Ya

Hin Bal

Ko Nui

Ko Bubu

10

4 2

Ko Phi

Sikao

Ko Klang

Ko Taloyai

Ko Po

6 Ao Sikao

Laem Mang

Ko Ya

Ko Kluang

Ko Heng

6

Ko Lek

Ko Pling

4

20

10

Ko Ngai

Ko Ma

6

20

Ko Chua

10

Ko Waen

Ko Muk

Hin Khal Muk

Ko Kradan

20

Ko Chao Mai

10

10

Hin Nok

Ko Talibo

20

Ko Rok Nai

Ko Kwang

Ban Hin Khao

10

Ko Rok Nok

40

Hin Samphso
Chorn

137

Ko Lanta

Südlich von Ko Pee Pee liegt Ko Lanta, das sich in Lanta Yai und Lanta Noi teilt. Beide Inseln sind durch einen etwa 100 m breiten natürlichen Meerwasserweg voneinander getrennt. Der Name Lanta geht auf die noch heute ansässigen Seezigeuner zurück. Ko Lanta hat eine Ausdehnung von etwa 27 km Länge und 12 bis 15 Kilometer Breite. Die Insel ist von etwa 20 000 Einwohnern besiedelt, die sich überwiegend in moslemische Fischer und etwa 10% chinesische Kaufleute aufteilen. Die gebirgige Insel ist zu etwa zwei Drittel mit geschütztem Re-

Linke Seite:
Ko Lanta: Idyllische Abendstimmung unter Palmen

Unten:
Die Hauptstraße des kleinen Fischerortes Saladan auf Ko Lanta

genwald bedeckt. Nachdem Lanta Yai mit vielen unberührten Stränden an der Westseite vor einigen Jahren von Travellern entdeckt wurde, ist sie aus ihrem Dornröschenschlaf erwacht und entwickelt sich mit rasanter Geschwindigkeit zum neuen Touristenziel. Es gibt bereits mehrere kleine Bungalowanlagen. Ein Fährverkehr von Phuket über Ko Pee Pee, von Krabi und Bo Muang sorgt in der Hochsaison für ausgebuchte Resorts. 1993 begannen der Ausbau der Stromversorgung und die Planung einer Ringstraße nach dem Vorbild Ko Samuis. Zum Schutze der Natur wurde erfreulicherweise bereits 1990 der südliche Teil Lantas samt vorgelagerter kleiner Inseln zum National Park erklärt.

Die meisten Touristenboote legen in dem nördlichen Fischerort Saladan an, von wo aus die Pickup-Transferautos die ankommenden Gäste kostenlos – auf der Ladefläche sitzend – in die verschiede-

nen Resorts befördern. Taucher sind in der Wahl ihres Resorts mit den Saladan nahegelegenen Stränden gut beraten, da die Tauchaktivitäten von dort aus starten.

Ko Lantas größter Strand, an dem sich die meisten Resorts angesiedelt haben, ist der Klong Dao Beach, zugleich auch der beste Badestrand, weil er ganz flach abfällt und keine Steine oder Felsen im Wasser stehen. Der Kaw Kwang Beach am Nordwestzipfel der Insel fällt bei Ebbe trocken, und man kann schon mal 400 Meter laufen, ehe das sehr seichte Wasser beginnt. Die Strände im Mittelteil der Westküste sind auf etwa zehn Kilometer mit Felsen durchsetzt. Im Südwesten befinden sich einige sehr malerische ruhige Buchten. Diese sind teilweise nur von der Seeseite her mit einem Boot zu erreichen. Ganz im Süden der Insel, etwa 25 Kilometer von Saladan entfernt, befindet sich der Nationalpark mit einem Wasserfall. Ein Ausflug dorthin war noch 1994 sehr lohnenswert und mit einem Hauch von Abenteuer umgeben.

Die Ostküste scheint touristisch uninteressant: keine Strände, sehr flach und keine Bademöglichkeiten. Interessant dagegen sind Ausflüge über die Insel mit einem geliehenen Moped. Es gibt eine Ringstraße (Sandpiste) mit zwei Querverbindungen. Im Osten der Insel befinden sich einige Shrimp-Farmen und im Südosten die Distriktstadt, Amphoe Lanta. Eine Inselrundfahrt gewährt viele interessante Einblicke in die Natur, in thailändische Lebensart und in die wunderschöne intakte Landschaft.

Die Tauchplätze um Ko Lanta

Die nachfolgend beschriebenen Tauchplätze werden bis auf ganz wenige Ausnahmen (Mehrtagesfahrten) nur von
den Tauchschulen Ko Lantas angefahren. Dementsprechend unberührt und
intakt präsentieren sich die Riffe. Die
Tauchsaison ist von November bis Ende
April. Da die Andamanensee nicht sehr
tief ist, „vernebeln sich die Unterwasser-

Linke Seite:
Viele malerische und einsame Buchten im
Süden von Ko Lanta sind nur mit dem Boot
zu erreichen

Unten:
Im November und Dezember paaren sich
die Sepien – dann leuchten ihre Pigmente
in schillernden Farben

sichten" während der Regensaison und
machen das Tauchen unattraktiv. In der
Hauptsaison hingegen meldet dieses
Gebiet die besten Sichtverhältnisse von
ganz Thailand mit 30 Meter und mehr.

Ko Ma
Die „Hunde-Insel" wird im Süd- und
Nordwesten betaucht. Bei Tauchtiefen
bis 15 Meter stößt man auf große An-
siedlungen von Hartkorallen und beeindruckende Formationen von Feuerkoral-
len. Dieser Tauchplatz eignet sich gut für
Nachttauchgänge, da es jeweils an einer
der beiden Stellen keine Strömung gibt.

Hin Bida
Hin Bida ist ein kleiner Felsen mitten im
Meer, der nur bei Ebbe herausragt. Das
Riff erstreckt sich in Nord-Süd-Richtung

und fällt bis auf 23 Meter ab. Dort halten sich auf dem Sandgrund immer einige Leopardenhaie auf, denen sich der ruhige und vorsichtige Taucher mit etwas Geduld bis auf wenige Meter nähern kann. Das Riff mit einer Ausdehnung von etwa 200 x 150 Meter ist so vielfältig bewachsen und von zahllosen Fischen besiedelt, daß zwei Tauchgänge nicht ausreichen, um es ganz zu erfassen. Im November und Dezember finden dort Sepia-Hochzeiten statt; während der Paarung leuchten die Tiere in schillernden, teilweise neonblauen Farben. An der Ostseite gibt es mehrere Stellen mit üppigen Weichkorallenformationen, im Südwestteil große Schnapperschwärme und viele Zackenbarsche.

Ko Bida

Ko Bida teilt sich in zwei große Felsen, die zwischen Ko Lanta und Ko Pee Pee aus dem Meer ragen. Dort ist Steilwandtauchen bis 32 Meter Tiefe angesagt. Viele Weichkorallen, Gorgonien und Fächerkorallen verzaubern diesen Tauchplatz und lassen eine bizarre Unterwasserlandschaft entstehen. An den Ko Bida Felsen bieten viele Spalten Lebensraum für seltene Garnelen und Lobster.

Ko Ha

Ko Ha (= die fünf Inseln) ist eine Ansammlung von genau genommen sechs Inseln, die 70 Bootsminuten westlich von Ko Lanta liegen. Dort gibt es gleich mehrere Tauchplätze, und da an den Inseln erst seit 1993 getaucht wird, sind sicherlich noch weitere zu entdecken. Um Ko Ha kann ein naturinteressierter Taucher spielend einen gesamten Tauchurlaub verbringen, denn dort findet man

angefangen von der großen Dimension bis in den Makrobereich fast alles, was ein Taucherherz höher schlagen läßt. Weiterhin gibt es um Ko Ha einen Höhlenkessel mit mehreren Durchlässen in 8 Meter Tiefe, einen „Dom", in dem man auftauchen kann, einen „Kamin" von 17 auf 6 Meter, prächtige Steilwände und große vorgelagerte Felsen mit faszinierenden Überhängen. Vor Ko Ha hat man die Möglichkeit, Walhaie zu beobachten (mehrere Sichtungen pro Saison). Sogar Wale zogen an dieser Inselgruppe schon vorbei! Daneben fällt der große Fischbestand sofort ins Auge, allen voran die eindrucksvollen Ringelkaiserfische, *Pomacanthus annularis*. Die Tauchtiefen reichen bis 35 Meter.

Ko Hai

An der Südspitze der Insel liegen mehrere Korallengärten in 10 bis 15 Meter Tiefe, die überwiegend mit Weichkorallen bewachsen sind. Vorgelagert befinden sich einige große Korallenfelsen, die bis auf 22 Meter abfallen.

Ko Ma – Ko Waen – Ko Chuak

An diesen drei Inseln, die südlich von Ko Lanta liegen, gibt es mehrere Tauchplätze, die durch die ungewöhnlichen Formationen ihrer Riffe bestechen. Eine seltene Höhle mit mehreren Ausgängen und teilweise offenem Dach ermöglicht sehenswerte Lichtspiegelungen. Dort stehen große Beilfischschwärme. Weiße und hellblaue Weichkorallen verstärken die geheimnisvolle Atmosphäre dieser Tauchplätze.

Ko Muk

An dieser Insel liegt der Tauchplatz genau vor einem kleinen höhlenartigen

Eingang, der bei Ebbe sogar mit kleinen Longtailbooten befahren werden kann. Am Ende dieses Tunnels liegt im Inselinneren eine Kraterlagune mit kleinem Strand – die Emerald Cave. Der Tauchplatz wechselt zwischen einer Steilwand bis 16 Meter und vielen kleineren vorgelagerten Felsen, an denen sich unzählige tropische Fische tummeln.

Ko Kradan
Am Südzipfel der Insel gibt es zwei Tauchplätze, die bis auf 18 Meter ab-

fallen. Viele Weichkorallen, Fächerkorallen und Gorgonien sorgen für ein buntes Bild.

Ko Rok Nai und Ko Rok Nok
Das Gebiet um Ko Rok ist Naturschutzpark und vermittelt schon bei der Anfahrt den Hauch von Südseeatmosphäre. Die beiden unbewohnten Inseln dürfen laut Auskunft der Parkverwaltung auch in Zukunft nicht mit Bungalows bebaut werden. Der etwa 200 Meter breite Kanal zwischen den Inseln eignet sich

Blick von Ko Hau auf die vorgelagerten Inseln Ko Ma und Ko Chuak

hervorragend zum Schnorcheln und bietet Tauchern eine intakte unberührte Korallenlandschaft. Rings um Ko Rok erstrecken sich Korallenriffe und vorgelagerte Felsen, so daß dort überall bis in Tauchtiefen von 23 Metern ein Abstieg lohnenswert ist. An den geschützten Stellen können einfache und sichere Nachttauchgänge durchgeführt werden.

Hin Daeng
Etwa 1,5 Bootsstunden von Ko Rok entfernt liegt Hin Daeng, ein kleiner Felsen mitten im Wasser. Dort ist das Meer rund 50 Meter tief und garantiert während der Saison zwischen November und Mai beste Sichtverhältnisse. Das mit unterschiedlichen Formationen reich gesegnete Riff bietet einen farbenprächtigen Anblick großer Weichkorallenfelder. Einige Teile sind förmlich übersät mit rosaroten, hellblauen und violetten Arten. Daneben ziehen an Hin Daeng viele Großfische vorbei. Walhaie und Mantas scheinen an dem Felsen Gefallen zu finden und lassen sich recht häufig dort blicken. Rundum zählt Hin Daeng zu den besten Tauchplätzen der Andamanensee und wird von Ko Lanta als fester Bestandteil bei Mehrtagesfahrten angelaufen.

Oben:
Die Emerald Cave im Inselinneren von Ko Muk ist nur bei Ebbe durch einen kleinen Höhleneingang zu erreichen

Unten:
Die Korallenriffe von Ko Rok zeigen eine bunte Vielfalt

Rechte Seite:
Der Hin-Daeng-Felsen ist übersät mit Weichkorallen und Treffpunkt der großen Fische

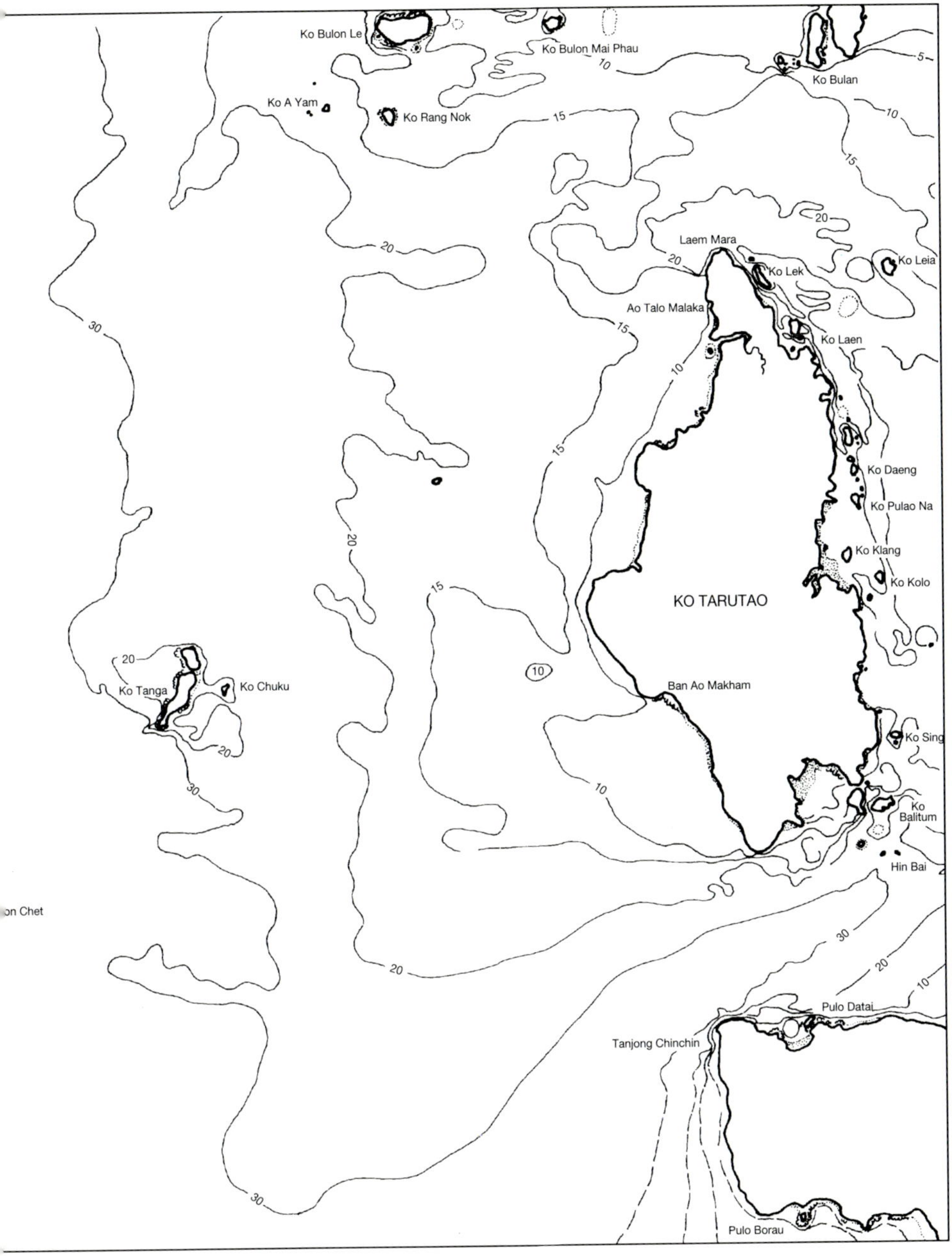

Ko Bulon Le

Ko Bulon Mai Phau

10

5

Ko Bulan

Ko A Yam

Ko Rang Nok

15

10

Laem Mara

20

Ko Leia

Ko Lek

20

Ao Talo Malaka

Ko Laen

15

10

Ko Daeng

15

Ko Pulao Na

Ko Klang

20

Ko Kolo

15

KO TARUTAO

20

20

Ko Chuku

10

Ko Tanga

Ban Ao Makham

20

Ko Sing

30

10

Ko
Balitum

on Chet

Hin Bai

30

20

20

10

Pulo Datai

20

Tanjong Chinchin

30

Pulo Borau

Tarutao Nationalpark

Südlich von Ko Lanta gibt es weniger Verkehrsmöglichkeiten. Nur wer genügend Zeit mitbringt und über einige Thai-Sprachkenntnisse verfügt, sollte sich diesem Abenteuer anvertrauen. Hinzu kommt erschwerend, daß kaum ein Thailänder die neu entdeckte Touristendestination zu kennen scheint, wenn nach Anfahrtmöglichkeiten gefragt wird.

Der über 1400 km² große Nationalpark mit seinen 51 größtenteils unbewohnten Inseln diente früher den Piraten und Schmugglern als Zuflucht. Das ist auch heute noch so, wenngleich die Küstenwache verstärkt in dem Gebiet patrouilliert, um die illegalen Aktivitäten an der malaiisch-thailändischen Grenze zu un-

Oben:
Eine seltene Beobachtung:
Der große Hornbill (Buceros bicornis)

Unten:
Die Pante Bay von Ko Tarutao ist ideal zum Baden, aber für den Taucher weniger interessant

terbinden. Auf Ko Tarutao in der Taloh-Udang-Bucht sind die Überreste eines Gefängnisses zu besichtigen, in das nach dem Ersten Weltkrieg politische Gefangene und 1940 siebzig Putschisten eingesperrt wurden. Seit 1972 ist es nicht mehr in Betrieb. Jetzt dient es im wesentlichen als gute Beobachtungs-möglichkeit für Nashornvögel (Horn-bills). 1974 wurde das Gebiet um Ko Tarutao zum ersten Marine-Nationalpark Thailands erklärt.

Im Tarutao Nationalpark gibt es viele traumhafte Inselchen mit zauberhaften kleinen Buchten und weißen Stränden zu entdecken. Die natürlichen Lebens-räume des tropischen Regenwaldes sind auf den Inseln fast ungestört und vermit-teln dem naturinteressierten Beobachter faszinierende Eindrücke. Ein Paradies al-so für Naturfreunde, die ohne jeglichen Anspruch auf Komfort reisen wollen. Da-zu kommen völlig überteuerte Transfer-preise für die unregelmäßig verkehren-den Boote zwischen den einzelnen In-seln. Wer also einmal auf einer Insel an-gekommen ist, sollte sich durchaus ein paar Tage Zeit nehmen und in Ruhe (die gibt es dort reichlich!) weitere Aktivitä-ten planen. Taucher und Schnorchler können von den Inseln Ko Lipe und Ko Adang aus einiges entdecken. Im Flach-wasserbereich sind die Sichtverhältnisse erstaunlich gut und die Riffe an vielen Stellen wirklich sehenswert. Schnorchler können die Korallenformationen bestau-nen, die bis dicht unter die Wasserober-fläche reichen.

Für Taucher erscheint die Situation etwas komplizierter. Auf der einen Seite haben „geschäftüchtige" Dynamitfischer große Zerstörungen in der Unterwasserwelt angerichtet, so daß nur noch wenige

Riffe intakt sind. Auf der anderen Seite stellt sich die prinzipielle Frage nach dem Angebot der Tauchmöglichkeiten. Sie ist sehr eingeschränkt. Auf Ko Lipe steht eine kleine Tauchstation, die bei Bedarf Ausfahrten zu den umliegenden Inseln anbietet. Die andere Möglichkeit befindet sich auf Ko Adang. Die größte Insel Ko Tarutao (151 km²) selbst hat weder Tauchschulen noch erwähnens-werte Rifflandschaften.

In dieser unberührten Inselwelt kommen im November und Dezember viele Meeresschildkröten an Land, um ihre Eier an den Stränden abzulegen. So auch auf Ko Kai, was übersetzt die „Eier-insel" heißt. Da im Tarutao Nationalpark noch kein Augenmerk auf organisierten Tourismus gerichtet ist, bleibt ein Be-such dieser Inselgruppe auch für die na-he Zukunft mit dem Hauch des Aben-teuers behaftet.

Ko Adang

Ko Adang liegt ca. 22 Seemeilen west-lich von Ko Tarutao und ist mit dichtem Dschungel überzogen, in dem sich eini-ge kleinere Wasserfälle verstecken. Die 30 km² große Insel hält in der Laem Son Bucht ein spartanisches Langhaus mit 30 Zimmern für die Besucher bereit. Dort befindet sich eine kleine Tauchstation, die nach Bedarf Tauchausfahrten unter-nimmt. Mit Longtailbooten können auch Schnorchler bei Ko Rawi und den umliegenden Inseln auf ihre Kosten kommen.

Ko Lipe

Ko Lipe, die Nachbarinsel von Ko Adang, ist nur vier Quadratkilometer groß; sie wird von etwa 800 Seezigeu-nern (Chao Le) bewohnt, die überwiegend vom Fischfang leben. Zusätzlich fischen sie alles aus dem Meer, was sich später zur Souvenirverarbeitung verwerten läßt. Das Dorf der Seezigeuner erstreckt sich über den ganzen Strandabschnitt. Am südlichen Ausgang im Chao Le Resort liegt die Tauchstation „Sininat Scuba Diving".

Entgegen den Bestimmungen des Nationalparks wurden fast alle Riffe um die Insel durch Dynamitfischen zerstört. An den Riffen, die diesen üblen Machenschaften nicht zum Opfer gefallen sind, erwartet den Taucher eine intakte Unterwasserwelt mit der ganzen Palette bunter Meeresfische. Insbesondere im Makrobereich weisen die Tauchplätze eine große Artenvielfalt auf – zur Freude der Fotografen.

Oben:
In der Nähe von Ko Adang liegen schöne Tauchplätze

Rechte Seite:
Blick auf Ko Lipe

Unten:
Das leuchtende Farbkleid eines Juwelenbarsches

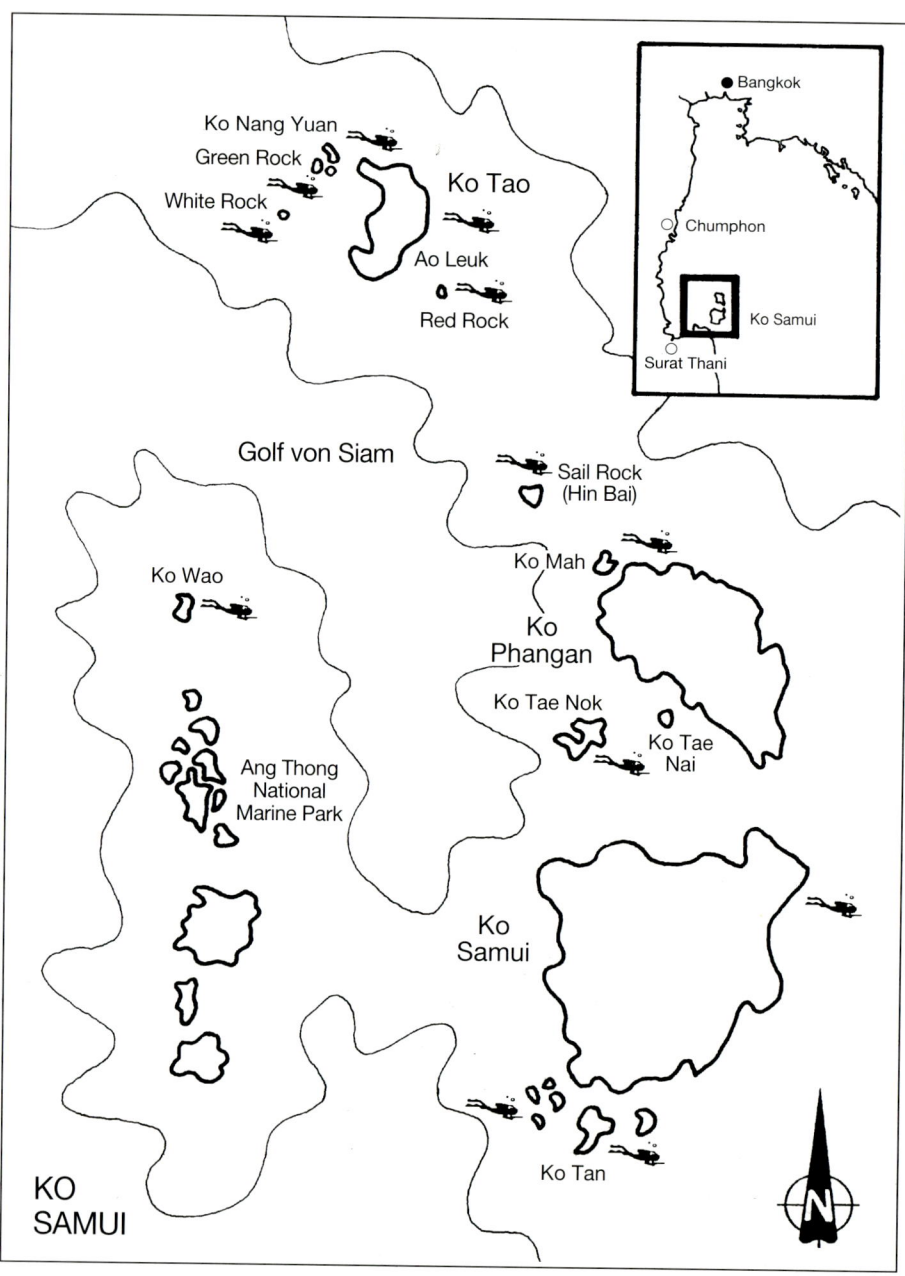

Ko Nang Yuan

Green Rock

White Rock

Ko Tao

Ao Leuk

Red Rock

Bangkok

Chumphon

Ko Samui

Surat Thani

Golf von Siam

Sail Rock (Hin Bai)

Ko Wao

Ko Mah

Ko Phangan

Ko Tae Nok

Ko Tae Nai

Ang Thong National Marine Park

Ko Samui

Ko Tan

N

KO SAMUI

Tauchziele im Golf von Siam

Ko Samui

Ko Samui liegt im Golf von Siam. Etwa 30000 Einwohner verteilen sich auf eine Inselgröße von 20 x 14 Kilometer. Einst lebten die Einheimischen überwiegend von den Kokosplantagen, auf denen sie noch heute jeden Monat ca. zwei Millionen Kokosnüsse ernten und in die Landeshauptstadt verschiffen. Die restliche Landebene, die etwa ein Viertel der gesamten Insel ausmacht, wurde zum Reisanbau genutzt, die Hänge mit Durian, Mangostane und Rambutan bepflanzt. Heute leben fast alle Einwohner der Inseln vom Geschäft mit den Touristen.

Die touristische Entwicklung setzte etwa Mitte der 70er Jahre ein. Die Insel besitzt mittlerweile einen Flughafen und zahlreiche Fährverbindungen zum Festland. Die Bettenkapazität ist auf über 20 000 angestiegen. Ko Samui avancierte neben Phuket zur bekanntesten thailändischen Insel in der internationalen Touristenszene. Eine betonierte Ringstraße um die Insel sorgt für schnelle Transfers zu den Resorts. Viele Reiseorganisationen versorgen Ko Samui rund ums Jahr mit neuen Gästen, und so langsam erreichen die Hotelkapazitäten ihre Grenzen. Das konfrontiert die Insel mit einem in der Euphorie des Devisen-Zählens nicht bedachten Problem: der Grundwasserpegel der Insel erschöpft sich zunehmends! Die einstigen Traumstrände der Rucksacktouristen sind heute dicht mit Bungalow- und Hotelanlagen jeglicher Kategorie besiedelt. Trotzdem kann der Ruhesuchende auf Ko Samui angenehme und erholsame Fleckchen finden und gute Bademöglichkeiten an weniger

Ko Samui – für viele die schönste Insel im Golf von Siam

überfüllten Stränden mit einer gesunden Portion Unterhaltung kombinieren.

Die schönsten Strände ziehen sich vom Norden entlang der Ostküste. Dabei sind der Chaweng und Lamai Beach touristisch am besten entwickelt. Dort herrscht ein reges Treiben der vorwiegend europäischen Gäste, die in der Mehrzahl per Pauschalarrangement anreisen.

Die Attraktionen Ko Samuis sind schnell aufgezählt. Die natürlich entstandene phallische Felsformation Hinta Hinyai südlich des Lamai Strandes ist dabei weltweit zweifelsohne eine der spektakulärsten Naturerscheinungen. Daneben stellen die sitzende Buddha-Figur auf der Fan-Insel im Nordosten, der Aussichtspunkt im Osten und die beiden Wasser-

Unten:
Ko Samui: Traumhafte Strände laden zum Baden ein

Rechte Seite:

Oben links:
Der View Point bietet einen herrlichen Blick über die Insel

Oben rechts:
Kopragewinnung – die reinste Sisyphusarbeit

Unten links:
Der „Big Buddha" überragt den Bophut Beach

Unten rechts:
Ko Samui erfüllt auch besondere Wohnansprüche für Touristen

fälle Hin Lat und Na Muang die weiteren Sehenswürdigkeiten der Insel dar.

Die Hauptstadt Nathon ist Anlaufpunkt für Einrichtungen, die an vielen Stränden fehlen. Während man am Meer hemmungslos faulenzen kann, bietet Nathon die besten Möglichkeiten, geschäftliche Dinge zu erledigen: es hat in den Banken die besten Wechselkurse, die Tarife für Telefonate sind günstiger und die Shoppingmöglichkeiten umfangreicher. Als lukullische Spezialität werden auf Ko Samui die großen Austern feilgeboten, die allerdings aufgrund der späten Ernte (nach drei Jahren) den Geschmackserwartungen der europäischen „Austernfeinschmecker" nicht standhalten können.

Insgesamt gesehen kann man bei sorgfältiger Vorbereitung auf Ko Samui einen angenehmen Urlaub verleben. Die Insel hat erfreulicherweise trotz emsiger Bebauung in überwiegend landestypischem Stil einen großen Teil ihres thailändischen Flairs beibehalten können.

Tauchmöglichkeiten

Die Tauchplätze um Ko Samui sind relativ flach und liegen in der Regel bei zehn Meter Wassertiefe. Daher sind auch keine großen Sichtweiten zu erwarten. Der Reiz bei diesen Tauchgängen liegt überwiegend im Detail: dem Makrobereich. Größere Tiefen und bessere Sichtverhält-

Rechte Seite:
Anemonenfische verteidigen ihren Wirt auch gegen größere Feinde

Unten:
Unter deutscher Leitung: Windy's Watersport

nisse finden sich bei den Ausflügen in den Nationalpark Ang Thong und nach Ko Tao. Der Ang Thong Nationalpark ist jedoch mit Vorsicht zu genießen. Er wird zwar von allen Tauchschulen hochgelobt, aber die Sichtweiten schwanken dort unerklärlicherweise sehr stark. Sie liegen teilweise sogar unter zehn Meter. Erschwerend kommen die unterschiedlich starken Strömungen hinzu, so daß diese Ausfahrten immer ein gewisses Risiko darstellen. Die Berichte über das Tauchen im Ang Thong Nationalpark sind daher recht unterschiedlich.

Tauchplätze

Ein etwa vier Kilometer langes Riff ist der Südküste Ko Samuis vorgelagert. Von März bis November pendeln sich die Sichtweiten um die 15-Meter-Marke ein. An dem langgestreckten Riff werden vornehmlich Strömungstauchgänge durchgeführt, bei denen die Taucher nach Beendigung des Tauchganges wieder aufgelesen werden. Die Tauchtiefen liegen bei zehn Metern.

Am Chaweng Beach zieht sich parallel zum Strand das sogenannte Beach Riff entlang, das ca. 400 Meter lang ist und erstaunlicherweise meistens recht gute Sichtverhältnisse bis zu 20 Meter aufweist. Die maximale Tauchtiefe beträgt ca. neun Meter. Dort können oft Blaupunktrochen sowie ein ortstreuer Barrakudaschwarm mit vielen Jungtieren angetroffen werden.

Ein lohnenswerter Tauchplatz liegt direkt vor der kleinen Coral Cove Bucht. An den rechten und linken Felsen der Bucht kann bis zu einer Tiefe von etwa 15 Metern gut vom Strand aus getaucht werden. Dort sind vornehmlich Hartkorallen zu sehen. Makrofotografen können an den Felsen dort viele Motive „einfangen". Mit etwas Glück kommen auch vereinzelt Weißspitzenriffhaie in Sichtnähe.

Interessante Unterwasserfelsformationen liegen rund um die kleinen Inseln, die Ko Samui im Süden vorgelagert sind. Dort können Tiefen von 10 bis 25 Meter betaucht werden. Da es an diesen Inseln immer geschützte Ein- und Ausstiegsstellen gibt, werden dort das ganze Jahr über Tauchgänge angeboten.

Um die nördlichen Inseln des Marine National Parks Ang Thong gibt es mehrere Tauchplätze, die etwa 30 Kilometer nordwestlich Ko Samuis in ca. 2,5 Bootsstunden erreicht werden können. Dort bietet jede Tauchschule ihre eigenen Tauchplätze an, die zwar nur spärlichen Korallenbewuchs, aber dafür einen großen Fischbestand aufweisen. An den gut zwölf Tauchgründen kann in Tiefen bis 25 Meter abgestiegen werden. Die Sichtweiten betragen zwischen November und April bis zu 20 Meter, meistens aber liegen sie deutlich darunter.

Hin Bai (Sail Rock) ist einer der bekannteren und häufiger von Ko Samui angelaufenen Tauchplätze. Es ist ein Fel-sen, der nördlich von Ko Pangan mitten im Meer liegt. Dort gibt es einen kaminartigen Durchlaß, der beim Durchtauchen interessante Lichtspiele im Wasser offeriert. Die für dieses Gebiet größeren Tauchtiefen um 30 Meter lassen von

Februar bis Oktober Sichtweiten bis ca. 25 Meter erwarten. Interessant am Hin Bai Felsen sind der Fischreichtum und das gelegentliche Auftauchen von Großfischen – weniger aufregend dagegen ist die etwa dreistündige Anfahrt.

Nach Ko Tao werden in der Regel Zwei- und Dreitagestouren unternommen. Gegen einen stattlichen Aufpreis bieten einige Tauchschulen zwar Tagestouren mit einem Speedboot an, aber diese sind nur bei wirklich ruhigster See zu empfehlen. Die Anreise mit den Tauchbooten dauert mindestens vier Stunden und rechtfertigt daher die Durchführung der mehrtägigen Tauchtrips. Um Ko Tao liegen die wohl besten Tauchgründe, die von Ko Samui aus rund ums Jahr angeboten werden. Außer August bis Dezember kann man mit Sichtweiten bis 30 Meter rechnen. Die Tauchplätze liegen rund um die Insel und bieten einen artenreichen Korallenbewuchs und einen gesunden Fischbestand. Mit etwas Glück können um Ko Tao Mantas oder Walhaie gesichtet werden. Die dort angelaufenen Tauchplätze sind Ao Leuk sowie der rote, der weiße, der grüne Felsen und die geschützten Stellen um Ko Nang Yuan für Nachttauchgänge. Sehenswert bei diesen Ausflügen ist zusätzlich die traumhafte Inselszenerie Ko Taos und ganz besonders die durch Strände verbundene dreigeteilte Insel Ko Nang Yuang.

Da die schönsten Tauchgebiete nördlich von Ko Samui liegen, haben sich mittlerweile auch kleinere Tauchschulen auf Ko Pangan (= Ko Pha Ngan) und Ko Tao angesiedelt, oder die schon etablierten Tauchshops von Samui haben sich eine Zweigniederlassung näher „am Platz des Geschehens" auf Ko Tao eingerichtet. Nähere Einzelheiten zu den Tauchschulen stehen im Infoteil Seite 204 f.

Ko Nang Yuang:
Zwei Stände verbinden drei Inseln

Chumphon

Die Provinz Chumphon liegt am Golf von Siam, etwa 470 Kilometer südlich von Bangkok. Während sich bis vor wenigen Jahren das touristische Augenmerk noch verstärkt auf die Hotelhoch-

burgen in Pattaya, Phuket und Ko Samui konzentrierte, entdeckten die ersten Traveller die schönen und einsamen Strände an der Küste von Chumphon. Die touristische Entwicklung der nahegelegenen Inseln Ko Pha Ngan und Ko Tao brachte in der Folge weitere Ausländer

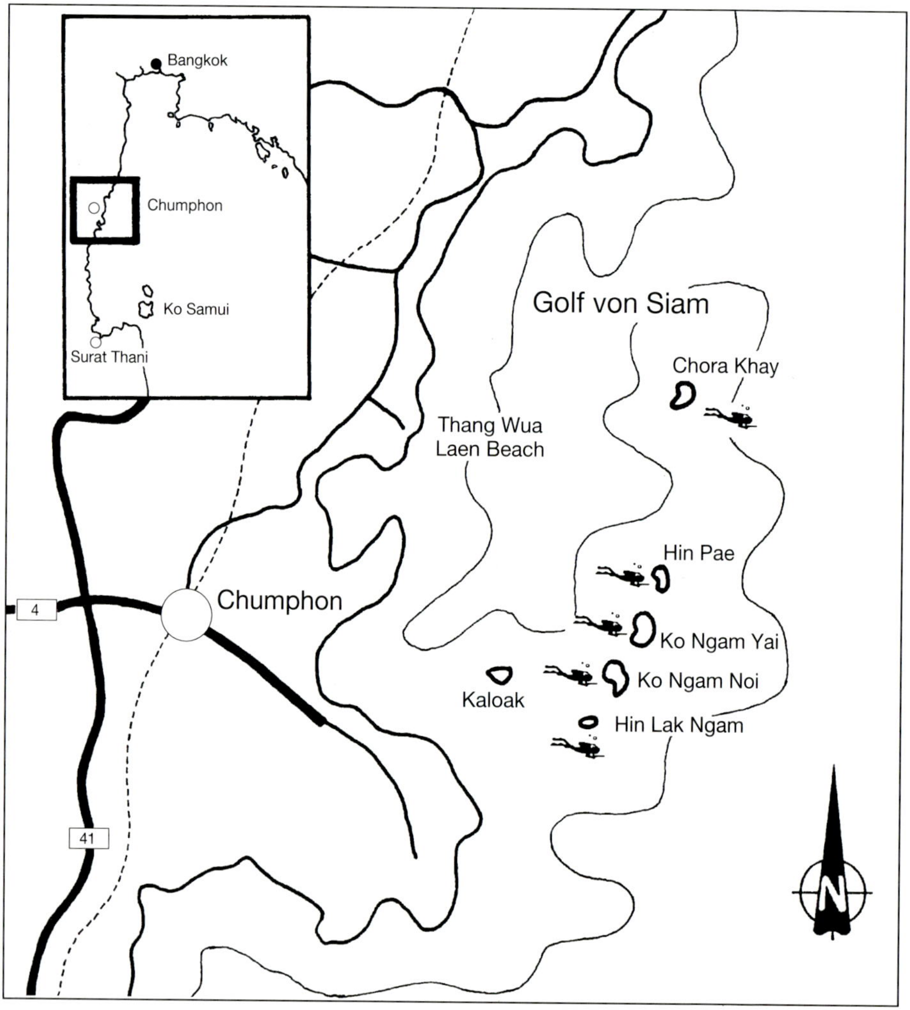

Bangkok

Chumphon

Ko Samui

Surat Thani

Golf von Siam

Chora Khay

Thang Wua
Laen Beach

Hin Pae

4

Chumphon

Ko Ngam Yai

Ko Ngam Noi

Kaloak

Hin Lak Ngam

41

N

nach Chumphon, zumal die direkte Fährverbindung zu den beiden Inseln einfacher und zeitsparender war als die lange Anreise über Surat Thani und Ko Samui. So legte dieser unvorhergesehene Umstand den Grundstein für die ersten kleinen Bungalowanlagen. Mittlerweile werben die Fremdenverkehrsämter mit überschwenglichen Parolen für das neue Touristenziel und versuchen, vom Devisenstrom Gelder in die eigenen Kassen fließen zu lassen. Und in der Tat gibt es in der Umgebung von Chumphon, das 7 Kilometer von der Küste entfernt liegt, viel zu entdecken. Dieses Unterfangen gelingt am besten mit einem ausgeliehenen Moped, weil die Gegend noch ziemlich unerschlossen ist. Auch gibt es ohne thailändische Sprachkenntnisse Schwierigkeiten, denn es spricht kaum jemand Englisch. Die besten Informationen kann man in den Bungalowanlagen erhalten. Dort liegen zum Teil recht informative Broschüren aus, die eine erste Orientierung ermöglichen. Mit diesen Informationen bewaffnet, kann das Abenteuer beginnen.

Die Menschen in Chumphon-Stadt und der gleichnamigen Provinz sind Ausländern gegenüber alle sehr freundlich und hilfsbereit. Die wichtigsten Mitbringsel jedoch sind „Zeit und Geduld", denn neben den Auskünften muß gleichzeitig zumindest eine Kurzversion der eige-

„Robinson-Atmosphäre" an den Stränden von Chumphon

nen Lebensgeschichte erzählt werden. Sehenswert sind die Höhlen Rab Ro und Tham Lot sowie die 40 km nördlich gelegene Tropfsteinhöhle Tham Pisadaan. Weitere Ausflüge können zu den Wasserfällen Thung You und Ka Po unternommen werden.

Die Provinz lebt im wesentlichen von den im Hinterland gelegenen Obst-, Kaffee- und Ölpalmenplantagen. Für die eintreffenden Touristen gibt es dichten tropischen Regenwald, Tropfsteinhöhlen und eindrucksvolle Wasserfälle zu erkunden. An den Stränden der Provinz entsteht schnell eine Art „Robinson-Atmosphäre", weil diese in der Regel menschenleer und sehr einsam sind. Nur vereinzelt „verirren" sich ausländische Touristen dorthin. An Wochenenden und Feiertagen nutzen die Thailänder die Küstenorte gerne zu einem Ausflug. Dann werden die Strände für einige Tage etwas belebter.

Einer der schönsten Strände mit feinem weißem Sand liegt 16 Kilometer nördlich von Chumphon Stadt. Der Thung Wua Laen Beach eignet sich bei Flut hervorragend zum Baden. Im Chumphon Cabana Resort befindet sich eine kleine Tauchschule (Chumphon Cabana Diving Center), die von Thailändern geleitet wird. Mit Argusaugen wachen die Besitzer über ihre Rifflandschaften und kümmern sich

Oben:
Mopedtouren in Thailand sind mit dem
Hauch von Abenteuer behaftet

Unten:
Im Sommer ist Durianzeit

Rechte Seite:
Beobachtung am Wegrand:
Kostwurz (Costus spec.)

aktiv um die Erhaltung der Korallenwelt. Mit gutem Beispiel vorangehend, unterbinden sie wirkungsvoll die unbedachte Ausbeutung des Meeres zum Zwecke der Souvenirherstellung. Es bleibt zu hoffen, daß die Provinzregierung genauso schnell auf diese Aktivitäten aufmerksam wird wie die öffentlichen Medien und das Gebiet durch gesetzliche Bestimmungen vor weiteren Plünderungen der Unterwasserwelt beschützt. Die Tauchschule leistet also vorbildliche naturschützende Pionierarbeit, wovon sich durchaus einige der großen Tauchanbieter auf Phuket etwas abschauen sollten.

Das Chumphon Cabana Diving Center ist voll ausgerüstet und fährt nach Bedarf mit drei neuen, auf Taucherbedürfnisse umgebauten Schiffen zu den vor-

Sterbende Tiere fallen sofort Freßfeinden zum Opfer

gelagerten Inseln. Die anderen Tauchplätze, die in Zukunft im Rahmen von Mehrtagestouren angelaufen werden sollen, überschneiden sich mit denen, die auch von den Tauchschulen auf Ko Samui, Ko Pha Ngan und Ko Tao aus betaucht werden. Wenngleich die Preisliste unüberschaulich erscheint, so gibt es dort sehr günstige Angebote. Insbesondere die Pauschalangebote inklusive Tauchen, Unterkunft und Vollpension zählen zu den günstigsten in ganz Thailand (siehe Infoteil Seite 207).

Tauchgründe vor Chumphon

Die Anfahrt zu den vorgelagerten Inseln Chora Khay, Hin Pae, Ko Ngam Yai, Ko Ngam Noi und Hin Lak Ngam dauert zwischen zwei und zweieinhalb Stunden. Die Ausfahrten starten in der Regel um 9.00 Uhr morgens und beinhalten zwei Tauchgänge und Verpflegung. Rückkehr ins Resort nachmittags gegen 16.30 Uhr. Auf den felsigen Inseln, um die herum überall getaucht werden kann, nisten unzählige Schwalben. Die Nester dienen, so komisch es auch klingen mag, als Zubereitungsgrundlage einer Schwalbennestsuppe. Diese wird dann als teure Delikatesse in Spezialitätenrestaurants auf Phuket und in Bangkok an Chinesen und Japaner verkauft (der Preis für Schwalbennester ist dreimal so hoch wie für Gold!). Um ständig schnellen Zugriff auf die neugebauten Brutstellen zu haben, ließen sich in abenteuerlicher Weise einige „Nestsammler" direkt auf den steilen Felsen von Ko Ngam Noi in einfachen Hütten nieder.

Die Tauchplätze weisen Tiefen zwischen 10 und 25 Meter mit mittelmäßigen Sichtweiten aus. Die unterschiedlichen Rifformationen mit Überhängen, kleinen

Durchlässen und Terrassenanordnungen machen das Tauchen um die Inseln durchaus interessant. Weiterhin gibt es dort eine große Fülle Niederer Tiere für die Liebhaber der Makrofotografie zu beobachten. Im 10-Meter-Bereich haben sich auffällig viele Anemonen angesiedelt, die teilweise kleine Garnelen und Anemonenkrebse beherbergen. Daneben verzaubert ein gesunder Fischbestand insbesondere die Tauchanfänger. Maskenwimpelfische, Fledermausfische, Kaiserfische und Falterfische beleben die Riffe vorwiegend in Tiefen von 5 bis 20 Meter. Unter den Überhängen und in den Höhlen sind häufig Beilfische und Soldatenfische anzutreffen. Mit etwas Glück kann man auch recht große Exemplare des blauleuchtend gemusterten Feilenfisches sehen. Ein Reiz der Tauchplätze liegt zweifelsohne in der großen Artenvielfalt an Kleinlebewesen, die dort ansässig sind. Großfischfans kommen dagegen an den Tauchplätzen um Chumphon weniger auf ihre Kosten.

Haarsterne schillern in bunten Farben

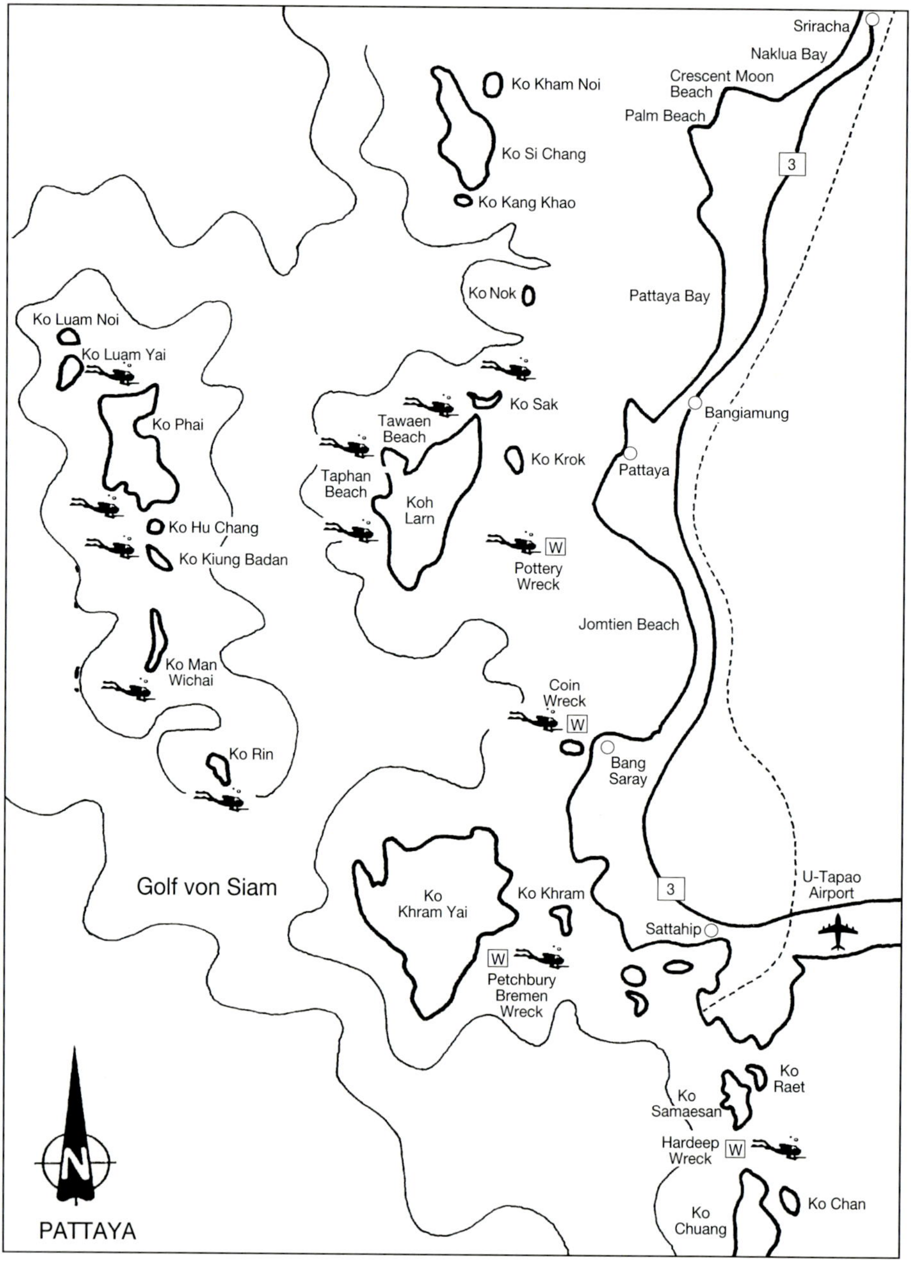

Sriracha

Naklua Bay

Crescent Moon
Beach

Palm Beach

Ko Kham Noi

Ko Si Chang

3

Ko Kang Khao

Ko Nok

Pattaya Bay

Ko Luam Noi

Ko Luam Yai

Ko Sak

Tawaen
Beach

Ko Phai

Bangiamung

Taphan
Beach

Ko Krok

Pattaya

Koh
Larn

Ko Hu Chang

Ko Kiung Badan

W

Pottery
Wreck

Ko Man
Wichai

Jomtien Beach

Coin
Wreck

W

Ko Rin

Bang
Saray

Golf von Siam

Ko
Khram Yai

Ko Khram

3

U-Tapao
Airport

Sattahip

W

Petchbury
Bremen
Wreck

Ko
Raet

Ko
Samaesan

Hardeep
Wreck

W

N

Ko
Chuang

Ko Chan

PATTAYA

Pattaya

Jeder, der sich schon einmal mit Thailand beschäftigt hat, kennt zumindest namentlich den Ort Pattaya. Gedanklich wird mit dem Ort Pattaya schnell die Verbindung zum Sextourismus hergestellt, denn dafür hat der Ort seit dem Vietnamkrieg einen negativen Ruf. Den 250 000 Einwohnern Pattayas gesellen sich jedes Jahr etwa 1,7 Mio. ausländische Besucher hinzu. Der große Touristenboom alleinreisender Männer aus Europa scheint in Zeiten von AIDS allerdings rückläufig zu sein. Zum Ausgleich reisen große Gruppen aus Korea, Japan, Taiwan und Hong Kong an. Neuerdings treffen auch immer mehr Touristen aus den Ostblockländern ein, um die Barszene Pattayas zu ge-

nießen. In diesem Kapitel soll die andere Seite eines durchaus interessanten Pattayas beschrieben werden, denn die Stadt besitzt neben Bordellen, „offenen Bars" und einem bewegten Nachtleben auch andere Reize, die vornehmlich unter Wasser zu entdecken sind.

Die vom unbedeutenden Fischerdorf zur Hotelhochburg des internationalen Tourismus avancierte Großstadt bietet das in Südostasien wohl umfangreichste Sportangebot zu moderaten Preisen. Wer also dem schnellen, modernen und oftmals auch lauten Lebenswandel ungetrübt ins Auge blicken kann, keinen gesteigerten Wert auf thailändisches Flair legt und außerhalb des Oktoberfestes gerne „eine Maß" in einem klimatisierten Bierzelt mit Musikkapelle trinkt,

Strandkunstwerk zum Songkhran-Fest am Bang-Saen-Strand bei Pattaya

der wird sich in Pattaya wohlfühlen. Was immer man sich an Wassersport oder landgebundenen Sportaktivitäten einfallen läßt, Pattaya oder Umgebung machen es möglich. Es gibt sogar eine Art Vergnügungspark Marke Disneyland und einen jährlich im April stattfindenden Karneval (Pattaya Festival)!

An dem etwa vier Kilometer langen Strand Pattayas verdichten sich in Richtung Süden Restaurants, Diskotheken und Bars, so daß der nördliche Teil deutlich ruhiger und angenehmer zu bewohnen ist. Der Blick aufs Meer wird dort allerdings von der großen Anzahl an- und ablegender Schiffe dominiert

Im nördlichen Teil Naklua ist es ruhiger. Das Geschäftsviertel Pattayas wird von vielen Thais frequentiert und spiegelt in den Nebenstraßen noch vereinzelt das Leben des einstigen Fischerdorfes wider. Die drei kleinen Strände, zu denen auch der Wong Amat Strand zählt, sind für den Tourismus eher unbedeutend, da man dort kaum ins Wasser gehen kann.

Wer also dem Trubel im Zentrum entfliehen möchte, ist mit den nördlichen oder südlichen Randgebieten Pattayas besser beraten. Trotzdem können durch die gute Erschließung alle Angebote im Zentrum Pattayas schnell genutzt werden.

Das Village wird von der Strandstraße und der South Pattaya Road begrenzt und bedeutet das Zentrum Pattayas. Dort befinden sich die meisten Bierbars,

Links:
Bugschmuck gegen böse Geister auf einem Tauchschiff von Pattaya

Rechte Seite:
Achtung: Skorpionsfische tarnen sich gut und sind giftig!

Unten:
Ein wichtiges Handwerk in Thailand ist der Bau von Vogelkäfigen

Restaurants, Shops und Hotels. Der Trubel setzt sich über die Pattaya 2 Road mit ihren kleinen Sois fort. Dieser Teil schafft obendrein eine laute und hektische Atmosphäre, die durch ständige Bauaktivitäten wirkungsvoll unterstützt wird. Von den Naklua Stränden im Norden erscheint der Wong Amat Beach als schönster und sauberster. Dort ließen sich viele deutsche, schweizer und österreichische Hoteliers und Wirte nieder, was zum Entstehen von „Little Germany" führte.

Besser, größer und allgemein sauberer hingegen präsentiert sich der Jomtien Beach südlich von Pattaya. Er eignet sich schon eher für sonnenhungrige Strandurlauber, die sich der allgemein typischen Hektik Pattayas entziehen möchten, sowie für anreisende Familien. Wenngleich der Strand auch nicht immer blütenrein erscheint, ist er doch einer der besten für diese Gegend; hier legen auch nicht so viele Boote an wie in Pattaya. Am Jomtien Beach wird zusätzlich versucht, die Barszene und das leichte Gewerbe einzuschränken. Dennoch entstehen auch im südlichen Teil des Jomtien Beach unaufhörlich weitere Wohnbereiche, und es scheint nicht absehbar, wann der Bauboom seinem Ende entgegensieht.

So teilt sich der Großraum Pattaya in drei Abschnitte, die für die gezielte Urlaubsvorbereitung in die Planung einbezogen werden sollten.

Tauchplätze um Pattaya

Die Unterwasserwelt vor Pattaya wurde von amerikanischen Vietnam-Soldaten erkundet. Mit gecharterten Fischerbooten betauchten sie die Riffe um die vorgelagerten Inseln. Mehr als 30 kleine Eilande erstrecken sich in einem Radius von etwa 50 Kilometern vor der Küste. Zu den schöneren Tauchplätzen muß der naturinteressierte Taucher über den sogenannten „inneren Inselring", zu dem die Inseln Ko Sak, Ko Khrok und Ko Larn gehören, hinausfahren. Dort hat ein zu großes Taucheraufkommen bereits deutliche Spuren hinterlassen, zusätzlich gefährden die vielen Speedboote und Wasser-Scooter einen reibungslosen Tauchbetrieb. Die besseren Tauchplätze liegen etwa zwei Bootsstunden entfernt am „äußeren Inselring" an den Inseln Ko Leaum, Ko Keung Baddan, Ko Man Wichai, Ko Phi und Ko Rin. Durch-schnittliche Sichtweiten zwischen fünf und 15 Meter berauschen den tropenverwöhnten Taucher jedoch auch am äußeren Inselring nicht. Die besten Tauchbedingungen finden sich um die Insel Ko Rin. Dort ist das Wasser klarer und der Riffbewuchs vielfältiger. Für Wrackfans gibt es zwei versunkene Frachter zu betauchen: die 100 Meter lange Petchburi Bremen, an der sich einige Rochen eingefunden haben, und die Hardeep, die vor Ko Chuang in 27 Meter Tiefe liegt. In der Nähe dieses Wracks gibt es mit dem Shark Fin Rock einen weiteren bekannten Tauchplatz Pattayas.

Rechte Seite:
Ein Chinesischer Teichreiher (Ardea bacchus)

Unten:
Handgemalte oder -bestickte Arbeiten sind beliebte Souvenirs aus Thailand

Sehenswürdigkeiten

Suang Noong Noch Village

In diesem Park befindet sich eine der größten Orchideen-, Kakteen- und Palmensammlungen. Allein die Flora der Anlage lohnt einen Ausflug. Darüber hinaus leben in einem Teil, der als Dschungel angelegt ist, Affen und kleinere Tiere, die man beobachten kann. Die Kulturshow mit thailändischen Tänzen verschiedener Provinzen und einer Hochzeitsizeremonie scheint genau wie die Elefantenshow mehr dem Geschmack asiatischer Besucher zu entsprechen. Im Park kann man in Häusern im original thailändischen Baustil übernachten. Der Park ist täglich von 10.00 bis 18.00 Uhr geöffnet.

Mini Siam

Für 200 Baht können dort die wichtigsten Gebäude Thailands aus verschiedenen Zeitepochen besichtigt werden. Dem Namen des Parks entsprechend sind sie im verkleinerten Maßstab aufgebaut. Der Mini Siam Park ist täglich von 7.00 bis 21.00 Uhr geöffnet.

Wat Yansangworararam

Der Wat liegt ca. 11 Kilometer südlich von Pattaya und ist vom Highway ausgeschildert. Einige Länder haben sich bereiterklärt, dieses im Bau befindliche Projekt finanziell zu unterstützen. Der König hat daraufhin Künstler beauftragt, im landestypischen Stil der Sponsoren religiöse Gebäude zu errichten. So entstand bereits eine Bergkirche, welche die Schweiz finanzierte. Die buddhistische Tempelanlage ist um weitere Bauten der Länder China, Korea, Japan und Indien bereichert und verdeutlicht sehr eindrucksvoll die religiöse Toleranz des Buddhismus gegenüber anderen Glaubensrichtungen. Im Zentrum steht eine buddhistische Pagode mit einem Fußabdruck Buddhas.

Khao Khiew Open Zoo
Zu diesem Zoo werden von Pattaya aus für ca. 500 THB Tagesausflüge angeboten. Er besteht zum größten Teil aus einem riesigen Freigehege, in dem einheimische Tiere wild leben. Leider ist dieser interessante Teil nicht zugänglich. So beschränkt sich der Besuch im wesentlichen auf den zentralen Bereich, in dem sich Tiere befinden, die aus Platzmangel aus dem Dusit Zoo in Bangkok umsiedeln mußten. Sehenswert sind vor allem die vielen asiatischen Vögel im Zoo.

Pattaya Elephant Village
Hier gibt es Elefanten während des Arbeitseinsatzes für die Waldwirtschaft, bei der historischen Kriegsführung und bei festlichen Anlässen zu sehen. Für 200 THB zeigen die Mahouts, die mit ihren Elefanten aus dem Norden Thailands nach Pattaya kommen, den Touristen, wie kräftig und geschickt zugleich ihre Arbeitstiere sein können. Als besondere Attraktion steht auch ein lustiges Elefanten-Fußballspiel auf dem Programm. Die meisten Mahouts bleiben jedoch nur einige Monate mit ihren Elefanten in Pattaya, um die arbeitslose Zeit in ihren Heimatprovinzen zu überbrücken. Das Elefanten-Dorf liegt etwa fünf Kilometer von Pattaya entfernt und ist täglich von 9.00 bis 18.00 Uhr geöffnet.

Ko Chang

Die Anreise nach Ko Chang ist etwas beschwerlich und führt in der Regel über Trat und dem 17 Kilometer entfernten Peer in Laem Ngop, einem kleinen Fischerdörfchen an der Küste. Von dort aus gehen die Fähren auf die vorgelagerte Insel Ko Chang.

Ko Chang (= Elefanteninsel) ist mit einer Fläche von 240 Quadratkilometer nach Phuket die zweitgrößte Insel des Landes. Die dschungelbedeckten Berge sind oft von Wolken verhangen und erheben sich bis 800 Meter über den Meeresspiegel. Eine kleine Straße führt von Klong Son im Norden zum südlichen Salkpet – ansonsten sind die eintreffenden Touristen auf eine abenteuerliche Pickup-Fahrt oder auf Longtail-Transfers angewiesen.

Ko Chang und die umliegenden kleinen Inseln bieten eine wunderschöne Szenerie und wurden bereits 1982 zum National Marine Park erklärt. Die Konfliktsituation im Nachbarland Kambodscha war jedoch für die thailändische Regierung Anlaß genug, die Region um Ko Chang zeitweise für den Tourismus zu sperren. Deshalb erwachte dieses Gebiet erst jüngst aus dem Dornröschenschlaf und ist nun versucht, im Eiltempo den touristischen Anschluß zu finden. Überall schießen kleine Bungalowanlagen wie Pilze aus dem Boden. Die Tourist Authority of Thailand plant für die schönsten Strände bereits die Ansiedlung großer Hotelanlagen. Es verstreicht aber sicherlich noch eine einige Zeit, ehe Ko Chang für den Pauschaltourismus interessant wird, denn bis jetzt sind die Strände noch mit Sandfliegen übersät und Schnorchler und Badende klagen über das Vorkommen vieler Quallen.

Die umliegenden Inseln sind alle mit kleinen Transferbooten zu erreichen. Diese fahren nicht regelmäßig, so daß ein Besuch zwar sehr zeitaufwendig, aber dennoch lohnenswert ist. Die schönsten Inseln sowie die Unterkunftsmöglichkeiten sind im Infoteil aufgeführt. Die besten Auskünfte über Fährverbindungen gibt es im Chut Keaw Tour Guesthouse in Laem Ngop. Die dortige Tourist Information hat allerdings kaum englischsprechendes Personal.

ACHTUNG: Auf Ko Chang und den Inseln des Marine National Park gibt es vermehrt Malariafälle aufgrund von Resochin-resistenten Plasmodien! Bei Anzeichen sofort das Malaria Office in Laem Ngob aufsuchen!

Im Magic Bungalow Resort am Coconut Beach befindet sich die Tauchschule Scuba Professionals – Dave's Divers Den, deren Hauptsitz in Pattaya liegt (siehe Seite 209). Die angefahrenen Tauchplätze gleichen überwiegend denen von Ko Mak. Die besten davon werden nach der Beschreibung von Ko Mak zusammenfassend aufgeführt.

Ko Chang und Ko Mak bieten eine abwechslungsreiche Unterwasserwelt

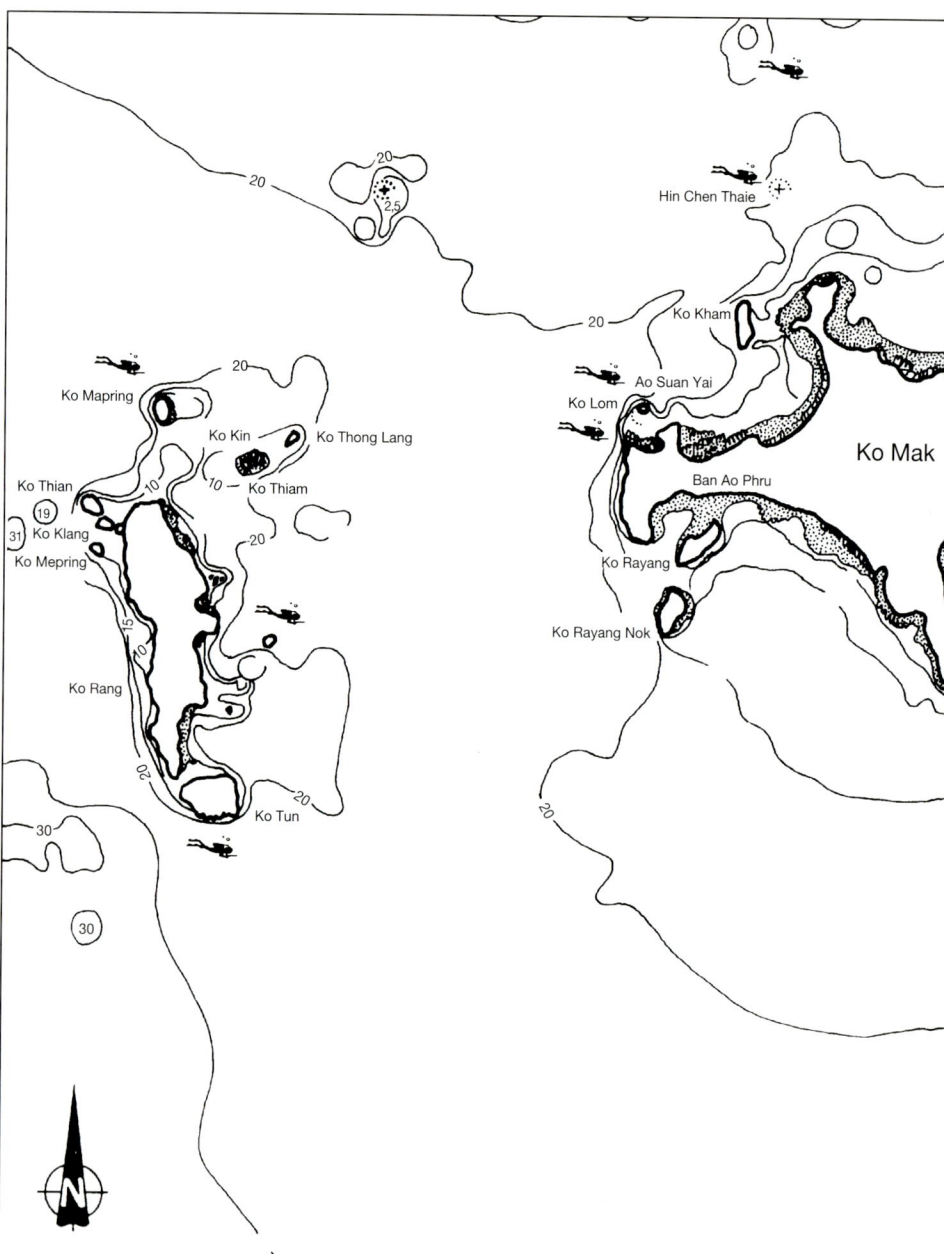

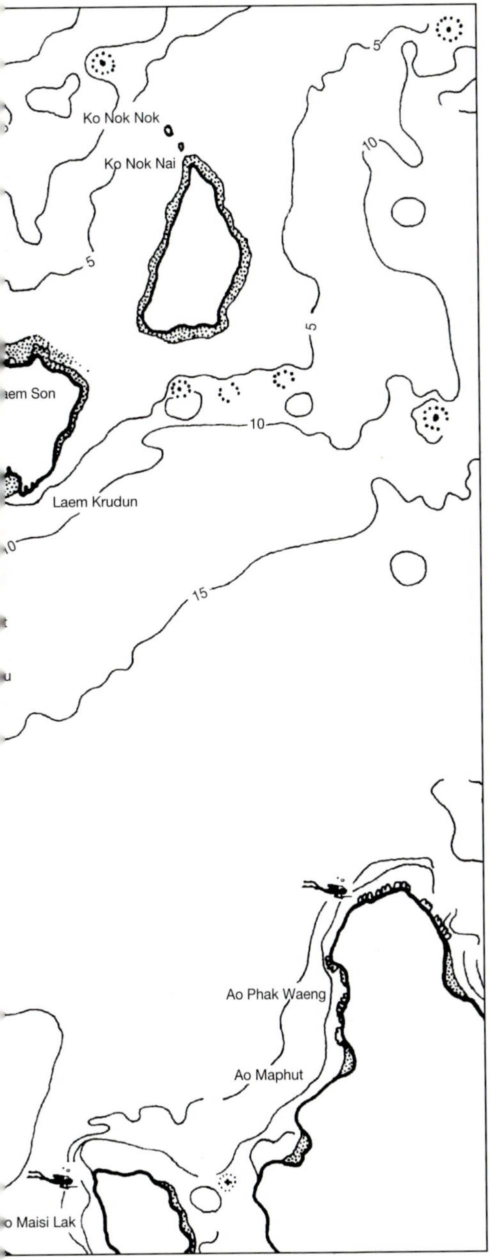

Ko Nok Nok

Ko Nok Nai

5

10

5

5

10

em Son

Laem Krudun

0

15

it

u

Ao Phak Waeng

Ao Maphut

o Maisi Lak

Ko Mak

Die für Taucher interessantere Insel ist Ko Mak (Betelnuß Insel), denn hier liegen die schönsten Tauchgründe mit den besten Sichtweiten im Golf von Siam. Sie beherbergt viele seichte Buchten, in denen im Norden und im Osten an flachen Riffen gut geschnorchelt werden kann. Gummibäume und Kokospalmen dominieren das Landschaftsbild dieser flachen Insel. Lediglich im Westen ragen zwei kleine Berge über die Palmenwipfel. Die Einheimischen – gerade 300 an der Zahl – scheinen alle miteinander verwandt und eine große Familie zu sein. Jeder kennt jeden! Den Stränden Ko Maks vorgelagert, ragt eine große Anzahl kleiner und kleinster Inseln aus dem Meer und bietet ein einzigartiges Panorama. Dort befinden sich die meisten Tauchplätze, die recht schnell zu erreichen sind. In der Regel dauern die Anfahrten nicht länger als 15 Minuten bis maximal eine Stunde. Die Tauchtiefen betragen im Durchschnitt 15 Meter. Da jedoch die Gezeitenbewegung in diesem Gebiet sehr schwach ist, bewegen sich die Sichtweiten bei erfreulichen 20 bis 30 Metern. Die Tauchsaison reicht von Mitte Oktober bis Mitte April, wobei die Lufttemperaturen ab Februar auf über 37 °C klettern. Auf der Ko Rang Inselgruppe werden Schwalbennester „geerntet", um die gleichnamige Suppe für chinesische Gaumenfreuden zu kochen (siehe auch Chumphon, Seite 164). An Attraktionen oder Sehenswürdigkeiten hat Ko Mak eigentlich nichts Aufregendes zu bieten. Die zwölf Quadratkilometer große Insel besticht mehr durch ihre schönen Strände, durch die Schnorchel- und Tauchgründe sowie

durch eine angenehme Abgeschieden-
heit vom herkömmlichen Touristenrum-
mel.

Im Ko Mak Resort gibt es die AFERO
Tauchschule, die von dem Schweizer
PADI Masterinstructor René Meili und
seiner italienischen Frau Paola geleitet
wird. Beide legen großen Wert auf individuelle Betreuung und nehmen nur
maximal acht Personen mit auf ihr mo-
dernes, auf Taucherbedürfnisse zuge-
schnittenes Schiff. Diese Tauchschule
spricht nicht nur vom umweltgerechten

Tauchen, sondern praktiziert es auch
vorbildlich. In einer lockeren, aber be-
stimmten Atmosphäre legen die Besitzer
großen Wert auf die richtige Tarierung
der Taucher und achten darauf, daß
die Unterwasserwelt keinen Schaden
nimmt. Im Au Kao Resort befindet sich
eine Zweigstelle der Pattaya Tauchschule Paradise Diver. Mit einem eigenen
Tauchboot werden Ausfahrten zu den
umliegenden Riffen und Wracks unternommen.

Linke Seite:
Traumhafte Strände laden zum Stop
zwischen den Tauchgängen ein

Unten:
Im Ko Mak Resort befindet sich die AFERO-
Tauchschule

Tauchplätze um Ko Mak

Ko Lom
Die Thailänder nennen diese Insel auch
Ko Pea, die Geister Insel, denn bevor Ko
Mak ein Krematorium besaß, wurden

die Toten auf Ko Lom verbrannt. Noch heute behaupten einheimische „Taucher" … dort Stimmen unter Wasser zu hören. Der Tauchplatz, der sich Pizza 4 Stagioni nennt und an der See zugewandten Seite betaucht wird, liegt nur 15 Minuten entfernt. Die maximale Tiefe beträgt 18 Meter. Hin und wieder sind dort kleine Ammenhaie zu entdecken. An der Südseite lassen die vielen Hirnkorallen eine Art Mondlandsachaft entstehen – ein wirklich bizarrer fremdartiger Anblick. An der Innenseite des Riffes bilden viele Anemonen ein großes Feld, wo hunderte kleiner Anemonenfische wie bunte Farbklekse über den nesselnden Tenkakeln umherschwimmen. An der Nordseite trifft man in der Regel auf eine Schule Barrakudas, während im Sand häufig Blaupunktrochen zu beobachten sind.

Ko Kham

Dieser Tauchplatz mit durchnittlicher Tiefe von 11 Metern scheint der Stachelrochen-Treffpunkt zu sein. Er liegt 15 Minuten von Ko Mak entfernt und wird

an der Westseite betaucht. Weiterhin besticht der Tauchgrund durch seine Vielfalt an intakten Hart-, Tisch- und Geweihkorallen. Da die Gewässer in der Regel sehr ruhig sind, eignet sich der Platz auch sehr gut zur Durchführung von Nachttauchgängen.

Ko Rayang Nok

Nach 30 Minuten Bootsfahrt gelangt man nach Ko Rayang Nok, einer Insel, auf der zwischen zwei Tauchgängen ein Landgang lohnenswert ist. Ein Restaurant und ein Snookertisch versprechen Abwechslung. Die interessanten Tauchstellen liegen an der Nordwestseite. Intakte Hart- und Weichkorallen, Gorgonien und schöne Formationen erwarten den Taucher.

Ko Rang

Ko Rang ist einerseits Naturschutzgebiet für Vögel und andererseits Schießübungsgebiet der thailändischen Marine. Taucher können die Insel in ca. 45 Minuten bei Tauchtiefen von ca. 16 Metern einmal umrunden. Dort hat

Linke Seite:

Oben:
Auf Ko Rayang Nok

Unten:
Blick vom Ko Mak Resort auf Ko Kradat

Rechts:
Papageifische schlafen nachts

die Natur die Unterwasserwelt so üppig mit Korallen ausgestattet, daß sich die ersten Dornenkronen eingefunden haben. Auffallend ist der große Fischbestand.

Ko Kra

40 Minuten entfernt liegt die Insel Ko Kra mit einer großen Artenvielfalt von Hartkorallen, die mit unzähligen „Weihnachtsbaum-Röhrenwürmern" *(Spirobranchus)* besiedelt sind. Dort gibt es auch noch einige Exemplare der großen Zackenbarsche zu beobachten.

Ko Thong Lang

Die Insel liegt nur 150 Meter ostwärts von Ko Kra und scheint der Schlafplatz einiger Ammenhaie zu sein, die fast bei jedem Tauchgang angetroffen werden. Die Korallenlandschaft wird um Ko Thong Lang von einigen Dornenkronen bevölkert. Die Tauchtiefen liegen wie bei Ko Kra um zehn Meter.

Ko Wai

Die Insel ist 45 Minuten entfernt und weist Tiefen bis 18 Meter auf. An den großen Felsformationen unter Wasser sind Makrelen zu beobachten, die teilweise bis 50 Zentimeter groß sind. Nach den Felsen erstreckt sich eine sehenswerte Hartkorallenlandschaft, die von mehreren Harfenkorallen durchsät ist. Großer und artenreicher Fischbestand!

Ko Bai Dang

Dieser Tauchplatz fasziniert durch seine großen Korallenformationen, die – ähnlich einem schweizer Käse – mit vielen Löchern versehen sind. Die Durchlässe sind groß genug, daß sie sicher durchtaucht werden können. Die Anfahrtzeit nach Ko Bai Dang beträgt 35 Minuten, die durchschnittlichen Tauchtiefen liegen bei zwölf Metern.

Ko Mak – Westseite

Die steilen Felswände mit artenreichem Gorgonienbestand zählen zu den auffälligen Erscheinungsmerkmalen dieses Tauchplatzes. Weiterhin besteht dort die Möglichkeit, auf Weißspitzenhaie und große Barrakudas zu treffen. Die durchschnittlichen Tauchtiefen liegen um die 18 Meter. Um Ko Mak liegen viele weitere Inseln verstreut, so daß zukünftig mit Sicherheit noch viel mehr Tauchplätze zu entdecken sind. Ein chinesisches Wrack aus dem Vietnam Krieg erwies sich als schlecht zu betauchen, weil ein Schlammfilm ständig die Sicht vernebelt. Einige Höhlen sind so eng, daß sie nur mit abgelegtem Gerät zu betauchen sind.

Auge in Auge mit einem Kugelfisch

Vokabeln zum wichtigsten Gebrauch

Thailändisch wird von vielen Europäern als sehr schwierig eingestuft. Durch verschiedene Tonlagen können gleiche Wörter bis zu fünf verschiedene Bedeutungen haben. Erschwerend kommen die unendlich vielen Redewendungen hinzu und die Formulierungen, mit denen „durch die Blume" gesprochen wird. Mit wenigen Wörtern kann aber bereits ein erster Kontakt und der Versuch einer Verständigung hergestellt werden. Auch wenn nicht sofort die richtige Tonlage getroffen wird, zeigen sich die Thailänder stets bemüht, die „farangs" (= westliche Ausländer) zu verstehen. In der Anfangsphase beschränkt sich die Konversation in der Regel auf Begrüßungen, Fragestellungen und kurze Antworten. Fragen Sie ruhig viel und lassen Sie sich die Wörter von den Thailändern „vorsingen", damit Sie hören können, wie sie richtig ausgesprochen werden. Wichtig für ein Gespräch mit Thailändern sind naheliegende Fragen. Wenn eine Bedienung nicht nach einem Gericht aus der Speisekarte, sondern nach den letzten Ergebnissen vom Kick-Boxen befragt wird, so folgt voraussichtlich ein verständnisloses Achselzucken als Antwort.

Da in Thailand überall um Preise gefeilscht wird und dies auch von Ausländern erwartet wird, ist der Gebrauch von Zahlwörtern ständig an der Tagesordnung. Das System ist recht einfach. Die Zahlen werden zusammengesetzt, z.B. heißt 322 dann „saam roy yi sip sohng".

Zahlen

1	nüng
2	sohng
3	saam
4	sieh
5	haa
6	hock
7	dschäät
8	pät
9	khao
10	sip
11	sip et
12	sip sohng
13	sip saam
20	yi sip
21	yi sip et
22	yi sip sohng
30	saam sip
31	saam sip et
32	saam sip sohng
40	sieh sip
50	haa sip
60	hock sip
70	dschäät sip
100	nüng roy („loy")
200	sohng roy
300	saam roy
1000	nüng pan
2000	sohng pan
3000	saam pan
10000	nüng mühn

Wichtige Wörter zum ersten Kontakt

Sawadie kap	guten Tag
Sawadie kaa	guten Tag
kop khun kap	danke
kop khun kaa	danke

(Männer sagen immer „kap", Frauen immer „kaa")

pay nay?   wohin gehst du?
pay thiao   ich gehe mich amüsieren
(„Pay thiao" bedeutet im thailändischen Sinn: spazieren gehen und sorgenfrei umherschauen ... sich amüsieren ist nicht gleichbedeutend mit sich ins Nachtleben stürzen!)

mii	haben, es gibt
may	nicht
mii may?	gibt es?
mii kin khaao may	gibt es Essen?
may mii	… gibt nicht
kin khaao mii may	es gibt kein Essen

(Diese Antwort werden Sie allerdings nie erhalten, weil es in Thailand überall und immer etwas zu essen gibt!)

tongkaan	möchten, wollen
tongkaan kin khaao	ich möchte essen
aroy (aloy)	lecker
aroy maak	es schmeckt gut
maak	viel, sehr
noy	etwas, wenig
dii	gut
roon (offenes o)	heiß

Fragewörter

thaoray	wieviel, wie teuer
thammay	warum
müaray	wann
kray	wer
nay	wohin
khray	wer
khon nay	welcher Mensch
jangrai	wie
arai	was
tinay	wo, woher, wohin

Im Restaurant

Thailänder lieben es zu essen. Wann immer es geht, trifft man sich zum Essen und bringt, wenn möglich, gleich noch ein paar Freunde mit. Je mehr Freunde daran teilhaben können und je größer die Runde ist, desto mehr Spaß (= sanuk) kommt auf.

rahn ahaan	Restaurant
ahaan thai	die thailändische Küche
aroy dii	es schmeckt sehr gut
phät maak	sehr scharf
phät noy	nicht so scharf
pay kin khao	essen gehen
glah hai	durstig sein
hiju	hungrig sein
ihm leo	ich bin schon satt
phooh leo	ich habe schon genug
kao plao	Reis, gekocht
kao pad	Reis, gebraten
khai	Ei
khai dschiao	Omlett
nahm	Wasser
nahm plao	Trinkwasser
gai	Huhn, Hühnerfleisch
muu	Schweinefleisch
nüah	Rindfleisch
plaa	Fisch
gung	Krabben
plaa mück	Tintenfisch, Sepia
kafää roon	Kaffee, heiß
kafää yen	Eiskaffee
chaa roon	Tee, heiß
chaa yen	Eistee
nam keng	Eis (für Getränke)
nam som	Orangensaft
nii aray, kap	was ist das, bitte?
thaoray?	wieviel (macht es)?
tscheck bin kap	die Rechnung bitte

Weitere nützliche Vokabeln

dam nam	tauchen
rüa	Boot
rüa bai	Segelboot
rüa schom	Wrack

tha rüa	Hafen	khang bon	oben
ko	Insel	khang laang	unten
talay	Meer	khang naa	vorne
chai haad	Strand	jut	stop!
ao	Bucht	kwaa müü	rechts
sai	Sand	saay müü	links

Raum für eigene Notizen

Welche Wörter habe ich in Thailand dazugelernt:

Welche Wörter habe ich in Thailand dazugelernt:

Welche Wörter habe ich in Thailand dazugelernt:

Welche Wörter habe ich in Thailand dazugelernt:

Thailand – Allgemeine Informationen

Reisevorbereitungen
für Taucher

Der Tauchsport bringt es mit sich, daß Fernreisen besonders genau geplant und gut vorbereitet sein sollten. Nicht nur die Kenntnis über den Tauchort selbst, sondern auch ein möglichst umfangreiches Wissen über die verschiedenen An- und Einreisebestimmungen helfen Enttäuschungen oder Unannehmlichkeiten zu vermeiden.

Ein großes Problem, das sich Tauchern immer wieder stellt, liegt in der Gepäckbeförderung. Einige Fluggesellschaften haben bereits reagiert und befördern das Sportgepäck kostenlos, so daß die üblichen 20 Kilogramm Freigepäck tatsächlich für private Dinge zu Verfügung stehen. Die Anreise zum Abflughafen wird ebenfalls von verschiedenen Fluggesellschaften mit einem Rail&fly-Ticket gesponsert. Diese beiden Punkte sollten im Vorfeld mit den Reiseveranstaltern abgeklärt werden, weil sie bereits mit der Reiseanmeldung vorgebucht sein müssen. Unterwasserfotografen, die zusätzlich ihre Kameraausrüstung mitnehmen, sei angeraten, die technisch hochempfindlichen Geräte im Handgepäck mitzuführen und das Zubehör gut gepolstert zwischen dem Tauchgepäck zu verstauen. Es gilt in jedem Fall, Übergepäck am Schalter zu vermeiden, denn das kostet pro Kilo 1% vom Erster-Klasse-Tarif des Flugpreises. Für die Strecke Frankfurt-Bangkok und zurück beträgt der Preis horrende 120 Mark für jedes Kilo! Die günstigere Alternative ist die Aufgabe von Flugfracht. Wird diese ein paar Tage vorher aufgegeben, kann sie in der Regel am Zielflughafen abgeholt werden, wenn man selbst dort eintrifft. Für Flugfracht sind nur noch etwa zehn Mark (meistens weniger!) für jedes Kilo zu berappen. Telefonische Auskünfte geben die Fluggesellschaften.

Einreisebestimmungen

Staatsangehörige der Europäischen Gemeinschaft, Österreichs und der Schweiz benötigen bei einem Aufenthalt bis zu 14 Tagen lediglich einen sechs Monate gültigen Reisepaß und ein bestätigtes Rückflugticket.

Wer länger bleiben möchte, braucht für 15 bis 29 Tage ein Transitvisum, für 30 bis 59 Tage ein Touristvisum und für 60 bis 90 Tage ein Non-Immigrant-Visum. Diese können problemlos vor Antritt der Reise bei den zuständigen diplomatischen Vertretungen beantragt werden.

Nur für den Notfall sei hier noch eine Adresse angeführt, bei der auch in Bangkok ein Visum ausgestellt werden kann: Immigration Division, Soi Suan Phlu, Sathorn Tai Road, Bangkok 10120, Tel.: 2873101-10. Kurze Aufenthaltsüberschreitungen können an den Grenzübergängen oder am Flughafen in Bangkok mit einer Gebühr von 100 Baht pro Tag beglichen werden.

Wichtige Adressen

Diplomatische Vertretungen

In Bangkok

Deutsche Botschaft
9 Sathorn Tai Road
Tel.: 2132331
Fax: 2871776
Mo–Fr 8.00–12.00 Uhr

Österreichische Botschaft
14 Soi Nantha, Sathorn Tai Road
Tel.: 2546970-2
Mo–Fr 8.00–12.00 Uhr

Schweizerische Botschaft
35 Wittayu Road
Tel.: 2530156-60
Mo–Fr 8.00–12.00 Uhr

In Deutschland

Königlich Thailändische Botschaft
Ubierstraße 65
Bonn/Bad Godesberg
Tel.: 0228/351088
Mo–Fr 9.00–12.30, 14.00–16.30 Uhr

Königlich Thailändisches
Generalkonsulat
Podbielskiallee 1
14195 Berlin
Tel.: 030/8312715
Mo–Fr 9.00–12.30, 14.00–16.30 Uhr

Königlich Thailändisches
Honorarkonsulat
Königsallee 27
40212 Düsseldorf
Tel.: 0211/8382247

Königlich Thailändisches
Honorarkonsulat
An der Alster 85
20099 Hamburg
Tel.: 040/24839118
Mo–Fr 10.00–12.00 Uhr

Königlich Thailändisches
Honorarkonsulat
Roßmarkt 14
60311 Frankfurt
Tel.: 069/20110
Mo–Fr 9.00–12.00 Uhr

Königlich Thailändisches
Honorarkonsulat
Prinzenstraße 13
80639 München
Tel.: 089/1689788
Mo–Do 9.00–12.00 Uhr

In Österreich

Königlich Thailändische Botschaft
Weimarer Straße 68
A-1180 Wien
Tel.: 01/348361
Fax: 01/3103935
Mo–Fr 9.00–13.00 Uhr

Königlich Thailändisches
Generalkonsulat
Formenekgasse 12–14
A-1190 Wien
Tel.: 01/365343
Fax: 01/368332
Mo–Fr 9.00–12.00 Uhr

Königlich Thailändisches Konsulat
Bahnhofstraße 26–28
A-6850 Dornbirn
Tel.: 05572/65614
Mo–Fr 9.00–16.00 Uhr

Königlich Thailändisches Konsulat
Bozenerplatz 2
A-6021 Innsbruck
Tel.: 0512/20461

Königlich Thailändisches Konsulat
Arenbergstraße 2
A-5020 Salzburg
Tel.: 0662/71669
Mo–Fr 9.00–12.00 Uhr

In der Schweiz

Königlich Thailändische Botschaft
Eigerstraße 60
CH-3007 Bern
Tel.: 031/462281-2
Fax: 031/460757
Mo–Fr 9.00–13.00, 15.00–17.00

Königlich Thailändisches
Honorarkonsulat
St. Alban-Graben 8
Ch-4051 Basel
Tel.: 061/226867

Königlich Thailändisches
Generalkonsulat
Beethovenstraße 41
CH-8002 Zürich
Tel.: 01/2028575
Mo–Fr 9.30–11.30 Uhr

Königlich Thailändisches
Generalkonsulat
20 rue Senebier
CH-1205 Genf
Tel.: 022/257370

In den Niederlanden

Königlich Thailändische Botschaft
1 Buitenrustweg

NL-2517 KD The Hague
Tel.: 070/3452088, 070/3450645
Fax: 070/3451929

Königlich Thailändisches Konsulat
Emmastraat 40
NL-1075 HW Amsterdam
Tel.: 020/799916
Fax: 020/769081

Königlich Thailändisches Konsulat
58 Coolsingel
NL-3001 DB Rotterdam
Tel.: 010/130866

Reisende, die sich bereits in Südostasien aufhalten, können auch in den benachbarten Ländern Visa beantragen. Es gibt Königlich Thailändische Botschaften in Malaysia (Kuala Lumpur sowie Konsulate in Penang und Kota Bahru), Singapur (Orchard Road), Indonesien (Djakarta), Hong-Kong (Cotton Tree Drive), Indien (New Dehli sowie Konsulate in Kalkutta und Bombay), Laos (Vientiane), Burma (Rangun), Nepal (Kathmandu) und in Vietnam (Hanoi).

Thailändische Fremdenverkehrsämter (TAT)

In Thailand:

Bangkok
372 Bamrung Muang Road
Tel.: 2/226-0060, -0072
Fax: 2/224-6221

Pattaya
382/1 Chaihat Road
Tel.: 38/428750
Fax: 38/429113

Phuket
73-75 Phuket Road, Amphoe Muang
Tel.: 76/212213, 76/211036
Fax: 76/213582

Kleinere TAT-Niederlassungen sind über ganz Thailand verstreut, jedoch verfügen sie nur selten über englisch sprechende Mitarbeiter.

In Deutschland:

Bethmannstraße 58
60311 Frankfurt/Main
Tel.: 069/295704, 069/295804
Fax: 069/281468

In der Schweiz:

Kontaktbüro F&W Communications
Schermen 29
CH-3063 Ittingen/Bern
Tel.: 031/9217555
Fax: 031/9219008

In Österreich:

Kontaktbüro Diamond Agency
Loquaiplatz 12/8
A-1060 Wien
Tel.: 01/5974980
Fax: 01/5974984

Touristenpolizei

Die Touristenpolizei hat sich in Thailand gut bewährt. Sie kümmert sich in erster Linie um die Regelung kleinerer Streitfälle und Unstimmigkeiten zwischen Thailändern und Touristen. Wichtigstes und oberstes Gebot: Immer die Ruhe bewahren! Die Touristenpolizei wird in der Regel zwischen beiden Parteien schlichten und versuchen, eine gütliche Einigung herbeizuführen.

Adressen:
Bangkok, 509 Worachak Road
Tel.: 2/216206, täglich 8.00–24.00 Uhr

Pattaya, Beach Road, am Strand
Tel.: 38/419371

Phuket, im TAT Büro und am Patong Beach, am Strand
Tel.: 76/212213

Ko Samui, Nathon
Tel.: 77/281300

Impfungen

Für die Einreise aus Europa gibt es keine Impfvorschriften. Laut Auskunft des Thailändischen Fremdenverkehrsamtes sind die Touristenzentren in Bangkok, Pattaya, Chiang Mai, Ko Samui, Phuket, Songkhla, Hat Yai und die Hochlagen der Gebirge malariafrei.
Wer vor der Abreise aktuelle Informationen einholen möchte, wende sich an eines der folgenden Institute:

Tropeninstitut
Leopoldstraße 5
80802 München
Tel.: 089/333332, für Asien: 336755

Bayrische Gesellschaft für Immun- und Tropenmedizin e.V.
Brienner Straße 11
80333 München
Tel.: 089/292467

Einfuhrbestimmungen

Es dürfen je eine Foto-, Film- und Video-kamera sowie fünf Foto- und drei 8- bzw. 16-mm-Filme eingeführt werden. Diese Bestimmung scheint jedoch nur auf dem Papier zu bestehen. Meine Kameras, die ich stets per Flugfracht versende, gaben dem thailändischen Zoll noch nie Anlaß zur Beanstandung. Kritischer wird dagegen die Einfuhr von Rauschmitteln begutachtet. Hier liegt das Limit bei 200 Zigaretten oder 240 Gramm Tabak und einem Liter Wein oder Spirituosen. Verboten sind Rausch-gifte, Pornographie und Feuerwaffen.

Ausländische Währung darf zum persönlichen Gebrauch in beliebiger Höhe eingeführt werden. Die Ausfuhr darf jedoch den eingeführten Betrag nicht überschreiten. Ein striktes Ausfuhrverbot herrscht für Buddhafiguren – ganz gleich, ob es sich um alte oder neue handelt.

Weitere Informationen geben die thailändischen Fremdenverkehrsämter und das

Office of Custom Counsellor
Royal Thai Embassy
59 Avenue du Peron
B-1050 Brüssel
Tel.: 02/6605835
Fax: 02/6483066

Währung

Die thailändische Währungseinheit ist der Baht (1 Baht = 100 Satang). Es gibt Münzen zu 0,25; 0,5; 1; 2; 5 und 10 Baht, wobei die 5-Baht-Münze sehr gut am ihrem braunen Rand zu erkennen ist. Ferner sind Banknoten zu 10, 20, 50,

100, 500 und 1000 Baht in Umlauf. Vorsicht mit 1000-Baht-Scheinen! Aufgrund der schlechten Wechselmöglichkeiten ist es sehr schwierig, sie wieder loszuwerden. An kleinen Verkaufsständen und vor allem auf dem Land sollte man immer kleine Scheine bis maximal 100 Baht zur Hand haben. Mit großen Banknoten könnten sich viele Thailänder in ihrer Armut beschämt fühlen.

Der Wechselkurs schwankt zwischen 14 und 16 Baht für 1 DM. Die Thai Farmers Bank tauscht Euroschecks (maximal fünf Schecks à 400 DM pro Monat). Ansonsten gibt es überall Wechselstuben und Banken, die Travellerschecks tauschen oder auf Kreditkarte Bargeld aushändigen. Die meisten Wechselstuben haben täglich von 8.00 bis 21.00 Uhr geöffnet.

Elektrizität

220 Volt, 50 Hz Wechselstrom. Adapter nicht vergessen! Die Steckdosen in Thailand nehmen oft nur Flachstecker amerikanischer Norm an. Auf vielen Inseln wird die elektrische Versorgung von eigenen Generatoren übernommen, die mitunter Stromschwankungen verursachen können. Deshalb ist es wichtig, zum Aufladen angeschlossene Akkus hin und wieder zu prüfen.

Telefon

Die Vorwahl für Thailand aus Europa lautet 00-66, dann wählt man die Ortskennzahl ohne Null und die Rufnummer.

Will man aus Thailand anrufen, so lautet die Vorwahl für Deutschland 001-49, für Österreich 001-43 und für die Schweiz 001-41.

Die günstigsten Telefonate führt man von Thailand nach Übersee in den Tele Communication Centers, die es in den größeren Städten mit viel Tourismus gibt, wie Phuket, Pattaya und Ko Samui. Die Hotels verlangen viel zu hohe Telefongebühren!

Telefonvorwahlen thailändischer Städte:

Bangkok	0066-2
Krabi	0066-75
Ko Lanta	0066-75
Pattaya	0066-38
Phuket	0066-76
Ko Samui	0066-77

Zeitverschiebung

Thailändische Zeit = MEZ plus sechs Stunden, im Sommer plus fünf Stunden.

Informationen zu den Tauchzielen

Phuket

Anreise

Mit dem Flugzeug
– Charterflüge mit LTU und Condor aus Deutschland direkt.
– Mit Lauda Air ab Wien – Phuket direkt (weiter nach Sydney).
– Von Bangkok, Hat Yai, Surat Thani, Ko Samui, Penang und Singapur täglich.
– Von Chiang Mai montags, mittwochs, freitags und sonntags.
– Von Trang mittwochs und samstags.

Mit dem Bus
– Von Bangkok (Nachtbus), 14 Stunden Fahrt, Aircon Bus für 380–450 THB täglich.
– Von Suratthani (und Ko Samui), Hat Yai, Trang, Krabi und Ranong täglich (auch per Minibus).
– Von Penang direkt mit Aircon Minibus.

Mit dem Boot
– Von Ko Lanta über Ko Pee Pee täglich.
– Von Ko Pee Pee mehrere Boote täglich, neuerdings sogar per Wasserflugzeug.

Unterkunft

Hotels in Phuket Town
Zu empfehlen sind die Luxushotels Metropole, Phuket Merlin, Thavorn Grand Plaza und das Sinthavee (alle liegen zwischen 1500 bis 2500 THB/Zimmer). Ein günstiges Hotel mit sehr gutem Preis-Leistungsverhältnis ist das Pacific Inn, 328 Phuket Road, Telefon 214838, mit Zimmer für 190 THB. Eine Reservierung funktioniert im Pacific Inn allerdings nicht!

Hotels an den Stränden
Alle Hotels arbeiten mit Saisonzuschlägen vom 1. November bis ca. 20. Februar. In dieser Zeit liegen die Zimmerpreise 30% bis 100% höher als in der Nebensaison. In der Auflistung wurden Preise ohne Extrazuschläge für Weihnachten und Neujahr im Zeitraum November bis April zugrunde gelegt.

Patong Beach
Patong Beach Hotel, Neubau 1990, liegt an der Straße, mit Pool, ab 1800 THB.
Phuket Cabana Hotel, beste Anlage, direkt am Strand, Pool, ab 1600 THB.
Coral Beach Hotel, Terrassenbauweise, Steine im Badebereich, Pool, ab 2900 THB.
Patong Merlin Hotel, exklusive Anlage, Pool, liegt an der Straße, ab 2.800 THB
Club Andaman Beach Resort, eine der größten und schönsten Anlagen, viel Grün, ab 2050 THB.
Casuarina Bungalows, kleine Anlage unter Palmen und Kasuarinen, Fan/Aircon, ab 650 THB.
Baan Sukhothai, Thaistyle Bungalows im Zentrum, 300 Meter zum Strand, ab 1200 THB.
K-Hotel, klein aber fein, 400 Meter zum Strand, ab 500 THB.
TIP: Beste europäische Küche!

Duangjitt Resort, ruhig in großer Gartenanlage, zwei Pools, 300 Meter zum Strand, ab 1200 THB.

Patong Penthouse, ruhig in Gartenanlage, Pool, 300 Meter zum Strand, ab 400 THB.

Expat Hotel, „Rock & Roll Hotel" für junge Leute am Sunset Strip, Pool, Bar, ab 700 THB.

Karon Noi Beach

Le Meridien, Fünf-Sterne-Luxushotel mit großem Privatstrand, ab 3000 THB.

Karon und Kata-Karon Beach

Karon View Point, modern, mit Pool, seit 1991, Lagune zwischen Hotel und Strand, ab 2000 THB.

Karon Villa & Karon Royal Wing, zählt zu den besten Anlagen, Villa mit Einzelbungalows, Royal Wing im Hotelkomplex, ab 2000 THB.

South Sea Resort, seit 1990, modern, Pool im Innenbereich, ab 2400 THB.

Karon Beach Resort, Terrassenhotel, direkt am Kata Karon Strand, ab 2800 THB.

Thavorn Palm Beach Hotel, neues großes Hotel, großer Garten, ab 3000 THB.

Ruam Thep Inn, Bungalows am Strand, Restaurant, Fan/Aircon, ab 600 THB.

Kata und Kata Noi Beach

Club Mediterranée, nimmt etwa $^2/_3$ der Bucht ein, nur Pauschalbuchungen.

Kata Beach Hotel, Luxushotel, direkt am Strand, ab 2200 THB.

The Boathouse Inn, Luxushotel, direkt am Strand, ab 3400 THB.

Pop Cottage, Bungalows in Hanglage, Pool, Restaurant, 400–1000 THB.

TIP: Kata Delight Hotel, super Lage, sehr ruhig, Blick über die Bucht, ab 1400 THB.

Kata Noi Club, Einzelbungalows, Fan, ruhig und abgelegen, ab 600 THB.

Nai Harn Beach

Phuket Yacht Club, Luxus-Terrassen-Hotel, 70 Quadratmeter Aircon Zimmer, ab 4300 THB.

Kleine, einfachste Bungalowanlagen am Nai Harn Beach: Romzai Bungalows, Nai Harn Beach Resort und Coconut Bungalows. Am Sane Beach: Ao Sane Bungalows und Jungle Beach Resort (um diese zu erreichen, muß man durch den Phuket Yacht Club fahren!). Am Little Nai Harn gibt es die Ya Noi Bungalow Anlage und in einem Bananenhain zur Laem Phromthep Höhe verstecken sich einfache, aber interessante Nai Ya Beach Bungalows.

Tauchschulen

SANTANA
Deutsche Tauchschule und am längsten auf Phuket; Sawasdirag Rd, Patong Beach, Tel./Fax.: 340360, Kata/Karon Beach Tel./Fax. 381589 – mindestens fünf deutsche Tauchlehrer; PADI-Ausbildungen, zwei große Tauchschiffe; organisiert Kanu-Dschungeltouren in den Kao Sok Nationalpark; bietet Tauchausfahrten inclusive Transferservice ab/an Hotel an!

Barracuda Diving Center
Deutsche Tauchschule; 81/40 Thawiwong Road, Patong Beach, Tel./Fax 340255; PADI-, VDST- und CMAS-Ausbildungen.

FANTASEA
Holländische Tauchschule; 93/58 Thawiwong Rd, Patong Beach, Tel. 340088,

Fax 340309; eine der größten Tauchschulen auf Phuket; PADI-Training Facility, mehrere große Tauchschiffe; organisiert Tauchkreuzfahrten zu den Burma
Banks und zu den Andamanen.

South East Asia
Englisch/deutsche Tauchschule;
89/71 Thawiwong Rd., Patong Beach,
Tel. 340406, Fax 340586; PADI-Aus-
bildungen, mehrere Tauchschiffe, u.a.
Motorsegler.

PIDC Divers
Französische Tauchschule; 1/10 Vised Rd.
Chalong Bay, Tel./Fax 381219; NAUI Pro
Facility und PADI, zwei große Tauch-
schiffe.

Marina Divers
P.O. Box 143, Kata/Karon Beach, Tel.
381625 Fax 381516; PADI 5 Star Dive
Center, führt ausgeschriebene Tauchleh-
rerlehrgänge in mehreren Sprachen
durch, Course Director John Johannsen,
drei größere Tauchschiffe.

Kon Tiki Diving School
Schwedische Tauchschule; 66/3 Patak
Rd., Karon Beach, Tel./Fax 381 468; PADI-
Ausbildung, zwei Tauchschiffe.

H20 SPORTS
im Pansea HoTel., Pansea Beach, Tel.
311249, Fax 311252; teuere, aber
exclusive Tauchschule mit einem großen
Liveonboard Schiff und einem Speedboot.

Poseidon Nemrod
Deutsche Tauchschule im Phuket Island
Resort; Vised Road, Tel. 381010, Fax
381018; zwei Tauchschiffe.

Siam Diving Center
P.O. Box 244, Kata Karon Beach, Tel.
381936, Fax 381608; PADI 5 Star In-
structor Developing Center; Ausbildungen in mehreren Sprachen.

Holiday Diving Club
Internationale Tauchschule; 94/102 Thawiwong Road, Patong Beach Hotel, Tel.
341 235; Zweigstellen im Thavorn Palm
Beach Hotel, im Karon Royal und weiteren großen Hotels am Karon Beach;
Tauchlehrer mehrerer Nationen; Fax 340
998, Ausbildungen nach NAUI, PADI
und SSI; zwei große Tauchschiffe, 22
Meter Similan Tauchschiff.

Ocean Divers
6/12 Moo 3 Thaweewong Road, Patong,
Tel./Fax 340625

Sharkey´s Dive Team
Thara Patong Beach Resort, Tel./Fax
340457, Fax 340446

Neptun Diving
92/23 Sawasdirag Road, Patong, Tel.
340585, Fax 340472

Kata Beach Dive Shop
P.O.Box 301, Phuket 83000, Tel./Fax
381690

Sea Bees Diving
1/3 Vised Road, Chalaong Bay, Tel. 381765

Phuket Divers
31/1 Phoopol Road, Phuket Town, Tel.
215738

Phuket Aquatic Safari
62/9 Rasada Road, Phuket Town, Tel.
216562, Fax 214537

Tauchpreise auf Phuket

Openwater Kurs	7 800 Baht
Advanced Kurs	5 600 Baht
Rescue Diver	5 600 Baht
Divemaster Kurs	10 000 Baht (bei Kon Tiki, ansonsten ab 13 500 Baht)
Ausrüstung	je 150 Baht pro Ausrüstungsstück/Tag, ABC für 100 Baht/Tag

Tagesausfahrten, incl. zwei Tauchgänge, Flasche, Blei, Guide, Verpflegung und Transfers, z. B. Racha Inseln, Shark Point: 1250 bis 1500 Baht

Tauchkreuzfahrten

Ko Pee Pee	ab 2500 Baht zwei Tage ohne Übernachtung
Similan Inseln	ab 2900 Baht pro Tag (Drei- bis Sieben-Tage-Touren)
Similan/Surin	ab 12 500 Baht fünf Tage incl. Übernachtung

Wichtige Adressen

Krankenhäuser
Mission Hospital, Phuket Town, Thapkrasattri Road, Tel. 212386. Privat, teuer, aber das beste am Platze. Hier praktiziert auch ein Zahnarzt.
Wachira Hospital, Phuket Town, Yaowaraj Road, Tel. 211114. Staatlich und günstiger.

Touristpolice
Phuket Town, 73-75 Phuket Road, Tel. 212213.

Banken
Es tauschen fast alle Banken Traveller Checks, Eurochecks und Bargeld gegen Kreditkarten. Die Banken führen meistens bessere Kurse als kleine Wechselstuben.

Thai Airways
Direkt am Markt (talaa zott), Tel. 211195, am Airport Tel. 311194

Post
Hauptpostamt in der Montri Road, Öffnungszeiten Montag bis Freitag von 8.30 bis 12.00 und von 13.00 bis 16.30 Uhr, samstags, sonntags und feiertags von 9.00 bis 12.00 Uhr.
Postleitzahlen:

Phuket Town	83000
Patong	83150
Chalong und Süden	83130

Telefon
Das Telefon Center – auch Fax – in der Phang Nga Road hat die günstigsten und besten Verbindungen nach Übersee. Öffnungszeiten täglich von 8.00 bis 24.00 Uhr.
Vorwahl nach Deutschland: 001-49, Ortskennzahl ohne Null, Rufnummer
Vorwahl nach Phuket: 0066-76, Rufnummer.

Weiterreise

Mit dem Flugzeug
– Nach Bangkok, Hat Yai, Suratthani, Ko Samui, Singapore und Penang täglich.
– Nach Chiang Mai montags, mittwochs, freitags und sonntags.
– Nach Trang mittwochs und samstags.

Mit dem Bus

- Nach Bangkok zwei Aircon Busse und acht Non Aircon Busse täglich.
- Nach Krabi täglich (auch per Thai Airways Minibus direkt vom Airport).
- Nach Ko Samui, Suratthani, Hat Yai und Trang täglich.

Mit dem Boot

- Nach Ko Pee Pee morgens um 8.30 und 9.00 Uhr mehrere Boote täglich.
- Nach Ko Lanta über Ko Pee Pee (Abfahrt von Pee Pee um 15.00 Uhr).

Die aktuellen Zeiten und Preise erfährt man vor Ort in jeder der zahlreichen Reiseagenturen. Beste und zuverlässigste Adresse für Buchung und Kauf von Flug- und Bustickets:
South Nature Travels, Tel.: 076/215235, Fax: 076/215284. (Diese Agentur wird von dem Deutschen „Mr. Ekki" geleitet, der auch interessante Jeep-Touren durch den Süden organisiert!)

Ko Pee Pee

Anreise

Ko Pee Pee ist auf dem See- und Luftweg zu erreichen. Anlaufpunkt ist stets die Ton Sai Bay vor Pee Pee Don. Die An- und Abflugzeiten der Wasserflugzeuge schwanken und sind am besten in Phuket oder direkt vor Ort auf Ko Pee Pee zu erfragen.
Schiffe von November bis Mai:
- Von Phuket täglich um 8.30 und 9.00 Uhr in eineinhalb bis zweieinhalb Stunden für ca. 350 Baht.
- Von Krabi täglich um 9.30, 11.30 und 14.30 Uhr in eineinhalb bis zweieinhalb Stunden für ca. 180 Baht.
- Von Ko Lanta täglich um 8.00 Uhr in eineinhalb Stunden für 140 Baht.
- Von Ao Nang Beach täglich um 9.00 Uhr in zwei Stunden für ca. 140 Baht.

Unterkunft

Ton Sai Bay

Pee Pee Island Cabana, Tel. 075/611496, luxuriöse Anlage, befand sich 1994 noch im Bau.
Ton Sai Village, liegt am Ende der Bucht, gut ausgestattete Bungalows direkt am Strand.
Pee Pee Hotel, Tel. 01/7120138, 64 Zimmer, direkt im Zentrum, ab 2360 Baht.

Long Beach (Hat Yao).
Paradise Pearl, Tel 075/612463, gute und teure Bungalows am Strand, Schnorcheln möglich.

Laem Trong Beach (Luxus Beach)
Hier, am Nordostende der Insel, liegen drei edle, aber viel zu teure Resorts. P.P. International Resort, P.P. Palm Beach Resort und P.P. Coral Resort. Zimmerpreise ab 1500 Baht. Diese Anlagen befinden sich eindeutig zu weit abseits.
In der Lo Dalum Bay gegenüber der Ton Sai Bay befinden sich zwei größere Anlagen: das P.P. Princess Resort und Charlies Resort. Diese beiden Anlagen sind bis auf den Restaurant- und Barbereich relativ ruhig und schön am Strand gelegen.
Neben den aufgeführten Bungalowanlagen stehen auf Ko Pee Pee für jeden Geldbeutel passend weitere kleine und

kleinste „Resorts" zur Verfügung. Es empfiehlt sich, eine möglichst frühe Anreise zu planen, weil ohne vorherige Reservierung alle Zimmer auf Ko Pee Pee schnell vergeben sind.

Tauchschulen

Die Tauchschulen liegen alle auf der Landverbindung zwischen Ko Nok und Ko Nai, also unverfehlbar mitten im Shoppingzentrum, dem Ton Sai Village. Moskito Divers – mit angeschlossener „Reef Deco Bar", Tauchbecken für Schnuppertauchgänge, steht unter österreichischer Leitung. Barracuda, CMAS, VDST und PADI Tauchschule, die auch in Phuket eine Niederlassung hat. Weitere Tauchschulen auf Ko Pee Pee – alle in der Tonsai Bucht:
– Diving World
– Scuba Diving
– Marine Divers
– Be Friend Club Scuba Diving, Dragon Diving
– Pee Pee Scuba Diving
– Pee Pee Family Dive Center
– Aquata Diving
– Golden Queen Tour Diving
– Sea Frog.

Wichtige Adressen

Im Shoppingzentrum, dem Ton Sai Village, gibt es eine kleine Krankenstation, eine noch kleinere Niederlassung der Thai Farmers Bank und einen Postkasten, der sich neben der Be Friend Club Scuba Diving Tauchschule befindet. PLZ: 81000 Pee Pee. Briefmarken und An-sichtskarten verkaufen alle Souvenirshops.

TIP: Auf Ko Pee Pee gibt es in den kleinen Einkaufsstraßen unzählige fliegende Händler und Souvenirshops. Zum günstigen Erwerb ist viel Verhandlungsgeschick erforderlich. Mit etwas Glück und Ausdauer können die Preise dann um 40 Prozent heruntergehandelt werden!

Weiterreise

Mit dem Schiff
– Nach Phuket täglich um 9.00, 10.30, 13.00 und 15.00 Uhr (manchmal erst 16.00 Uhr).
– Nach Krabi täglich um 9.00 und 13.00 Uhr.
– Nach Ko Lanta täglich um 12.00 und 15.00 Uhr (manchmal fährt nur ein Boot täglich).
– Nach Ao Nang Beach täglich um 15.00 Uhr.
Preise und Fahrtdauer wie bei der Anreise.

Krabi

Anreise

Die Verkehrsverbindungen nach Krabi beschränken sich auf den Landweg. Der Busbahnhof (Krabi Junction/Talat Kao) liegt etwa fünf Kilometer außerhalb der Stadt. Bei der Anreise stürmen gleich zahlreiche Schlepper auf die eintreffenden Gäste zu; hier hilft nur abwimmeln und zuerst mit dem Minibus in die Stadt fahren! Zusätzlich bestehen Fährverbindungen zu den umliegenden Inseln. Die angekündigten Flugverbindungen der

Bangkok Airways zum Krabi Airport bestehen noch nicht. Wer von Bangkok möglichst schnell nach Krabi möchte, muß nach Trang oder Phuket fliegen und von dort mit dem Minibus weiterfahren.

Mit dem Bus
– Vom South Bus Terminal in Bangkok in 13 bis 14 Stunden tägliche Abfahrten zwischen 16.00 und 21.00 Uhr.
– Von Phuket mehrmals täglich, vier Stunden.
– Von Surat Thani mehrere Busse täglich, drei bis vier Stunden.
– Von Penang, Minibus am Morgen, neun Stunden.

Mit dem Boot
– Von Ko Lanta täglich um 8.00 Uhr ab Saladan, zwei Stunden.
– Von Ko Pee Pee täglich, zwei Stunden.

Unterkunft

Vieng Thong Hotel, Krabi Stadt, 155–157 Uttarakit Road, für „Krabiverhältnisse" bestes Hotel am Platze, Zimmer mit AC und Fan, 500–750 Baht.
Krabi Resort, Ao Nang Beach, mit 45 Bungalows und Hotelgebäude, AC, direkt am Strand, Pool, Tauchschule, Bungalows ab 1100 Baht, Hotelzimmer ab 1600 Baht.
Phra Nang Inn, Ao Nang Beach, AC und Fan Bungalows, ein Hotelgebäude, Pool, gutes Restaurant, 1400 Baht.
Gift Bungalows, Ao Nang Beach, schöne Anlage, wenngleich sehr einfach, die Anlage liegt hinter der Strandstraße, gutes Restaurant, Bungalows von 100 bis 400 Baht.

Da Krabi und die umliegenden Strände überwiegend von Rucksacktouristen besucht werden, gibt es zusätzlich eine große Auswahl einfacher Guest Houses und Bungalowanlagen. In den kleinen Reisebüros an der Uttarakit Road liegen von jeder Anlage Bildprospekte aus.

Tauchschulen

Calypso Diving
Ao Nang Beach, siehe Seite 133.

Tadpole Diving
16–18 Ruenruedee Road, Tel. 612393.

Wichtige Adressen

Post
Uttarakit Road, mit Telefon für Übersee, täglich 7.00–24.00 Uhr.
Vorwahl: 075. Die Postleitzahl von Krabi ist 81000.

Banken
Thai Farmers, Bangkok Bank, Siam Commercial Bank in der Uttarakit Road; Öffnungszeiten täglich 8.30 bis 19.00 Uhr für Exchange Offices.

Immigration
Uttarakit Road, Montag bis Freitag, 8.30 bis 16.00 Uhr.

Krankenhaus
Krabi Hospital, Uttarakit Road, Tel. 611212.
Ruam Paet Clinic, Talat Kao, Tel. 611223.

Weiterreise

Mit dem Bus
– Zum South Bus Terminal in Bangkok in 13 bis 14 Stunden tägliche Abfahrten 16.00 und 16.30 Uhr.
– Nach Phuket, täglich jede Stunde, von 6.00 bis 15.00 Uhr, vier Stunden.
– Nach Surat Thani, täglich AC Bus 7.00, 11.00, 11.30, 14.00 und 15.00 Uhr.
– Nach Pghang Nga, täglich alle 30 Minuten, zwei Stunden.
– Nach Penang, AC Bus täglich 7.00 und 11.00 Uhr, neun Stunden.

Mit dem Boot
– Nach Ko Lanta täglich um 13.00 Uhr, zwei Stunden
– Nach Ko Pee Pee täglich um 9.30, 11.30 und 14.30 Uhr, zwei Stunden.

Ko Lanta

Anreise

Die Anreise nach Ko Lanta erfolgt mit dem Boot über Krabi – Abfahrt täglich 13.30 Uhr – oder über Ko Pee Pee – Abfahrt täglich 14.30 Uhr. Ein weiteres Fährboot geht täglich von Bo Muang um 13.30 Uhr. Diese Schiffe fahren alle das kleine Fischerdorf Saladan an. Zusätzlich besteht die Möglichkeit, vom Anleger in Hua Hin über Ko Lanta Noi nach Saladan zu gelangen. Am Anlegesteg in Saladan warten kostenlose Pickup-Transferautos zu den Resorts.

Unterkunft

Es gibt eine große Auswahl von Resorts an der Westküste der Insel. Es entstehen ständig neue kleine Anlagen, die teilweise auch in ungünstigen Lagen gebaut werden. Die besseren Resorts befinden sich an den großen Stränden Kaw Kwang Beach, Klong Dao Beach und Phra Ae Beach.

Kaw Kwang Beach
Kaw Kwang Beach Bungalows, schöne Anlage, großes Restaurant.

Klong Dao Beach
Lanta Villa, Tel. 075/611944, verschiedene Bungalow-Kategorien, großes Restaurant, Fax.
Lanta Royal, ca. 100 exakt ausgerichtete Bungalows, riesiges etwas teures Restaurant.
Lanta Sea House, Tel. 01/7220160, verschiedene Bungalow-Kategorien, teilweise mit gekacheltem Badezimmer, gutes Restaurant mitten auf einer Grünfläche, familiäre Atmosphäre, grüne blumenreiche Anlage.

Phra Ae Beach
Lanta Palm Beach, Bungalows liegen etwas vom Strand zurückversetzt, gutes Restaurant.
Rapala Resort, neue Anlage, kleine runde Bungalows, die dicht beieinander stehen, Palmenhain vor dem Strand, kleines Restaurant und Bar.
Relax Bay Tropicana, Bambusbungalows am Hang mit offenem Bad, Bar und Restaurant mit herrlichem Meerblick Richtung Westen.
Waterfall Bay Resort, liegt ganz im Süden der Insel etwa 24 Kilometer von

Saladan entfernt, urige Bungalows, teilweise zweistöckig, schöner Strand, sehr ruhig.

Am Klong Dao Beach findet man eine Reihe kleiner Bars, die für die abendliche Unterhaltung sorgen und gute Drinks mixen. Einen gut sortierten „Supermarkt" gibt es südlich des Lanta Sea House Resorts und unweit davon ein freistehendes Restaurant, das sich „Danny" nennt.

Mopedverleih

Die meisten Resort verleihen auf Vorbestellung 100 ccm Mopeds für ca. 300 Baht/Tag.

ACHTUNG: Die nichtasphaltierten Straßen und die Holzbrücken auf Ko Lanta sind teilweise in sehr abenteuerlichem Zustand!

Tauchschulen

Ko Lanta Tauchschule – Ko Lanta Diving Center Co., Ltd., Saladan, deutsche Leitung, Ausbildungen nach PADI, NAUI, DIWA und CMAS. Großes Tauchschiff mit 3d Sonar, G.P.S. Sat Nav, Funk und Erste-Hilfe-Satz. Die Tauchschule bietet im ersten Quartal einwöchige „meeresbiologische Tauchstudienseminare" an und plant ab 1995 Tauchkreuzfahrten in den Süden Richtung Tarutao Nationalpark.

Atlantis Tauchschule, Saladan, deutsche Leitung, Ausbildungen nach PADI, fährt nach Bedarf mit einem kleinen Longtailboot die nahegelegenen Tauchplätze an. Demnächst soll ein weiteres Boot dazukommen.

Wichtige Adressen

Krankenhaus

Gleich am Ortseingang von Saladan befindet sich eine Krankenstation. Für größere Eingriffe gibt es ein Krankenhaus in der Provinzhauptstadt Krabi oder in Trang.

Geldwechsel

In allen Resorts oder im Ort Saladan. Dort unterhält Mon, eine geschäftstüchtige Thailänderin, ein Travel Office gegenüber der Ko Lanta Tauchschule. Sie arrangiert alle Transfers, Tickets zur Weiterreise, Flugbestätigungen und wechselt zu den besten Kursen Fremdwährungen. Mit Kreditkarten können nur vereinzelt Rechnungen in den Resorts beglichen werden. Eine Bank befand sich 1994 in der Bauplanung.

Weiterreise

Alle Transferboote verlassen Ko Lanta täglich um 8.00 Uhr von Saladan. Jedes Resort setzt dazu ein kostenloses Pickup Transferauto für die abreisenden Gäste ein.

Tarutao Nationalpark

Reisezeit

Von November bis Mai. Zu Saisonbeginn und zum Ende teilweise unregelmäßiger Bootsverkehr zwischen den Inseln und zum Festland. Wenn das Meer bewegt ist, fahren die Transferschiffe und die Longtails nicht und warten (notfalls mehrere Tage), bis das Wetter sich wieder beruhigt hat.

Anreise

Ko Tarutao

Die Anreise nach Ko Tarutao führt über Ban Pak Bara. Dieses kleine Fischerdorf an der Küste ist von Trang und Hat Yai (über Satun) auf dem Landweg zu erreichen. In Hat Yai liegen im TAT Office (1/1 Soi 2 Niphat Uthit 3 Road, Tel. 074/243747) Informationsblätter über den Tarutao Nationalpark aus. Selbige stehen auch im Nationalpark Office in Pak Bara zur Verfügung. In Pak Bara angekommen, sollte der erste Gang zum National Park Office sein, um die aktuellsten Neuigkeiten einzuholen. Laut der Broschüre, sie kostet 15 Baht, fahren die Transferschiffe nach Ko Tarutao in der Saison täglich um 10.30 und 14.00 Uhr. Manchmal gehen sie aber auch schon um 9.00 Uhr oder erst um 15.00 Uhr. Die beschriebenen 70 Baht für eine Transferstrecke pendeln sich in der Regel bei 120 Baht ein. Die Fahrzeit beträgt etwa zweieinhalb Stunden. Von Ko Tarutao nach Pak Bara startet das Boot täglich gegen 9.00 Uhr.

Ko Adang

Von Ko Tarutao nach Ko Adang gibt es dienstags, donnerstags und samstags gegen (!) 12.30 Uhr ein Transferboot. Die Preise liegen zwischen 180 und 370 Baht. Die Rückfahrten sind mittwochs, freitags und sonntags gegen 9.00 Uhr. In der Hochsaison gibt es gelegentlich direkte Verbindungen von Pak Bara nach Ko Adang, die mindestens 500 Baht für eine Strecke kosten. Fahrzeit sechs Stunden.

Ko Lipe

Von Ko Adang fahren nach Bedarf Longtail Boote nach Ko Lipe und wieder zurück.

Ko Bulon Le

Von Pak Bara täglich um 14.00 Uhr, Rückfahrten täglich um 9.00 Uhr. Fahrzeit ca. zwei Stunden.

Unterkunft

Ko Tarutao

Ta Bag Bungalows, fünf Bungalows mit je zwei Räumen, sehr einfach, 400 bis 600 Baht.
Ta Boon Cottages, nur über die Nationalparkverwaltung in Bangkok zu buchen, acht Bungalows mit je zwei Räumen und einem Bad, ein Bungalow für je sechs Personen, ab 600 Baht pro Einheit.
Reservierungen und Auskünfte:
– Nationalparkverwaltung in Bangkok (Tel.: 02/5790529).
– Tarutao National Park Office, Amphoer La Ngu, Satun 91119, Tel.: 074/711383.

Für die Monate Dezember und Januar oder zu den Terminen thailändischer Feste ist eine Vorbuchung für alle Anlagen ratsam.

Ko Adang

Bamboo Longhouse (Ruan Taew), drei Gebäude mit je zehn Räumen, Matratzenlager, ab 300 Baht.

Ko Lipe
Chao Le Resort, Lipe Land Resort und Pattaya Bungalows: Alles kleine Anlagen mit einfachen Bungalows.

Ko Bulon Le
Pansand Resort, A-Frame Hütten, einfach aber schön angelegte Anlage, 200 Baht.
Mulonay Bungalows, einfache Bungalows, teueres Restaurant, in Pak Bara buchen, 250 Baht.

Verpflegung

Private Restaurants bieten teueres Essen an, das nicht immer der gewohnt guten und abwechslungsreichen thailändischen Küche entspricht. Manchmal gibt es in den Restaurants auch nichts zu essen, weil der Nachschub vom Festland unzureichend organisiert ist. Es empfiehlt sich daher, selbst ein paar Vorräte mitzubringen.

Tauchschulen

Sininat Scuba Diving, Ko Lipe, südlich vom Chao Le Resort, bietet Tauchausflüge und Ausrüstungsverleih an. Rainer, Sininat und Carsten begleiten die Tauchausfahrten zu den umliegenden Inseln und kennen die besten Plätze, die noch nicht durch Dynamitfischerei zerstört wurden. Es werden keine Ausbildungen angeboten. Die Tauchschule ist ein guter Anlaufpunkt, um Informationen für weitere Aktivitäten im Tarutao Nationalpark einzuholen.

Ko Samui

Klima

Ko Samui nimmt hinsichtlich der Regenzeiten und Trockenphasen eine Sonderstellung ein.
Trockenzeit: August, September, bis Mitte Oktober vereinzelt kurze Schauer, Weihnachten bis Mitte April.
Regenzeit: November, erste drei Dezemberwochen, Mitte April bis Ende Juli.
Eine genauere Abgrenzung ist durch die Veränderungen des globalen Klimas nicht möglich.

Anreise/Weiterreise

Mit dem Flugzeug
Von/nach Bangkok: acht Flüge täglich mit Bangkok Air, Flugzeit 70 Minuten.
Von/nach Phuket: zwei Füge täglich mit Bangkok Air, Flugzeit 40 Minuten.

Mit der Eisenbahn
Zielbahnhof, um dann mit der Fähre überzusetzen, ist Surat Thani. Dorthin gibt es von Bangkok ab Hua Lamphong Hauptbahnhof acht Züge täglich. State Railway of Thailand bietet komplette Tickets für Zug, Buszubringer und Fähre bis nach Ko Samui an. Der schnellste Zug benötigt für die 651 Kilometer von Bangkok nach Surat Thani neun Stunden. Der Bahnhof liegt außerhalb der Stadt Surat Thani!

Mit dem Bus
Zielort ist in der Regel Surat Thani. Danach geht es mit der Fähre weiter. Achten Sie darauf, ob die Busse nach Surat

Thani oder direkt bis zu den Fähran-legern in Don Sak, Khanom und Ban Don gehen!

Busverbindungen nach Surat Thani gibt es von allen Städten Thailands; in Bangkok starten die Busse am Southern Bus Terminal, Pinklao – Nakhon Chaisi Road. Tip: Tickets frühzeitig kaufen, auf Ko Samui am besten bei Phantip in Nathon an der Strandstraße. V-Travel Reisebüro (Tel.: 42/2329) bringt die Tickets auch ins Hotel. Schnellste Verbindung, um an einem Tag nach Bangkok zu kommen, ist – neben einem kurzen Flug – die 7.15-Uhr-Fähre nach Surat Thani, von dort aus weiter mit dem Express-Schie-nenbus um 11.05 Uhr; Ankunft in Bang-kok ca. 20.00 Uhr.

Mit der Fähre
Surat Thani nach Ko Samui: 7.30, 12.00, 14.30 Uhr.
Ko Samui nach Surat Thani: 7.15, 12.00, 14.45 Uhr.
Dauer ca. zwei Stunden, Preis ca. 105 THB.
Ko Samui nach Ko Phangan: 9.30, 10.30, 15.30 Uhr.
Ko Phangan nach Ko Samui: 6.15, 11.00, 13.00 Uhr.
Dauer ca. 45 Minuten, Preis ca. 150 THB.
Von Ko Samui nach Ko Tao: Abfahrt auf Ko Phangan 10.00 Uhr, Preis: 250 THB.
Tagesausflug von Nathon in den Ang Thong National Park, täglich 8.30 Uhr, Preis 250 THB.

Unterkunft

Chaweng Beach
Chaweng Blue Lagoon Hotel
Princess Village
Beachcomber
Samui Cabana
Unterhaltung:
– Reggae Pub, ein Muß für den Samui-Besucher, beste Zeit: ab 22.00 Uhr bis in den frühen Morgen.
– Jazz Bar, Chaweng Arcade, teilweise auch Life-Musik.
– Backstage Café, gute Life-Musik.
– The Club, Chaweng Beach Road, gut sortierte CD-Auswahl, tolle Cocktails.

Lamai Beach
Pavillion Resort
Sand Sea Resort
Samui Laguna Resort
Weekender Resort
Unterhaltung:
– Mix Pub, der Treff am Lamai Beach, „Full Moon Parties", beste Zeit ab 22.00 Uhr bis in den frühen Morgen.
– Camel Club, Grill– und Strandparties, tagsüber Hobbycat-Segeln.

Weitere touristisch erschlossene Strände sind Big Bhudda Beach (Bangrak Beach), Maenam Beach und Bophut Beach.

Tauchschulen

Calypso Diving
27/5 Chaweng Road, Chaweng Beach, 84140 Ko Samui, Tel. und Fax: 077/ 422437; Calypso Diving und Windy Watersports ist eine der besten Adressen am Platze. Die Deutschen Gerd Winter-feld und Eugen Müllerschön betreiben am südlichen Ende des Chaweng Bea-ches an der Straßenausfahrt Richtung Lamai Beach eine großzügig eingerich-tete Tauchbasis. PADI-Ausbildungen aller Stufen auf Deutsch und Englisch, Tages-

ausfahrten, Mehrtagesausfahrten nach Ko Tao und Equipmentverleih stehen im Programm. Seit 1993 Zweigniederlassung in Krabi am Ao Nang Beach.

Samui International Divers

Chaweng Beach, 84140 Ko Samui, Tel.: 077/421465; Samui International Divers wird von dem Italiener „Cäsar" geleitet und ist eine der größten Tauchschulen auf Ko Samui. Diese Tauchschule befindet sich direkt in der Mitte des Chaweng Strandes und bietet PADI- und NAUI-Ausbildungen bis zu ausgeschriebenen Tauchlehrer-Lehrgängen sowie ein komplettes Ausfahrtenprogramm mit Equipmentverleih an.

Indeep Diving

Chaweng Garden Resort, Chaweng Beach, 84140 Ko Samui, Tel. und Fax: 077/422265; Die Amerikanerin Anna Deppermann unterrichtet auf Englisch nach PADI-Richtlinien und bietet Ausfahrten zu den umliegenden Tauchplätzen an.

Siam Watersports

105/2 Moo 6, Lamai Beach, 84140 Ko Samui, Tel.: 077/421433, Fax: 077/1178; Siam Watersports zählt ebenfalls zu den großen Tauchbasen Ko Samuis und ist PADI-IDC-Center; es werden alle Kurse bis zu Tauchlehrerseminaren durchgeführt. Drei Schiffe stehen für Tauchausflüge zur Verfügung.

Pro Divers

Resort Rocky Bungalow, 438/1 Lamai Beach, 84140 Ko Samui, Tel.: 01/ 7250448; Pro Divers ist eine kleine Tauchschule unter der Leitung des Schweden Boo Leung. Ausbildungen

nach PADI auf Deutsch, Englisch, Schwedisch und Chinesisch. Tauchausfahrten mit eigenem Boot zu den Plätzen um Ko Samui.

Easy Divers

Beverly Hills Resort, 84140 Ko Samui; Kleine Tauchschule mit individueller Betreuung durch den Schweizer Michel Finger. Ausbildungen auf Deutsch und Englisch. Tagesausfahrten rund um Ko Samui und Mehrtagestörns nach Ko Tao.

Weitere Tauchschulen:
– Chaweng Diving School, Chaweng Beach.
– Matlang Diving, Chaweng Beach, Tel. 077 421 171.
– Swiss Diving Centre, Big Bhudda Beach.
– Swiss Dive School, Chaweng Beach und Coral Cove, sehr freundliches Personal.

Auf Ko Pha Ngan:
– Ko Pha Ngan Divers, Haad Rin Nai Beach.
– Ban´s Diving Center, 64 Moo 1, Thongsala, Ko Pha Ngan, Tel./Fax: 077/ 377057, gleich am Steg auf der rechten Seite gelegenes Office.

Ban´s Diving Center unterhält eine Zweigstelle auf Ko Tao; hier sind direkt am Steg und auf der Main Street weitere sieben Tauchschulen angesiedelt, die sich im gegenseitigen Konkurrenzkampf ständig in den Preisen unterbieten. Daher wechseln die Besitzer der Tauchschulen sehr häufig: den einen scheint es nicht mehr rentabel, anderen wiederum geht im wahrsten Sinne des Wortes „die Luft aus". 1994 gab es folgende Tauchschulen:

– The Scuba Professionals (siehe auch im Kapitel über Pattaya)
– Ko Tao Divers
– Big Blue Divers
– Easy Divers
– Caraboa Divers
– Nang Yuan Divers
– Ban's Diving Centre.

Sehenswürdigkeiten

Big Buddha: 12 Meter hoher, sitzender Bhudda am Bangrak Strand im Nordosten.
Coral Buddha: 2,5 Kilometer südlich Lamai an der Straße.
Bhudda Fußabdrücke: im Süden auf dem Hügel des Laem Set.
Wat Khunaram: mumifizierter Mönch, südlich Lamai an der Straße gelegener Wat.
Samui Monkey Theater: Es werden Vorführungen der Affen beim Arbeitseinsatz (Kokosnußpflücken) gezeigt und kleine lustige Einlagen dargeboten.
Samui Butterfly Garden: Schöne Anlage mit vielen Schmetterlingen in großem Freigehege. Der Eintrittspreis von 50 THB/Person kann hinterher als Essensgutschein verwendet werden!
Die weiteren Attraktionen sind im Textteil auf Seite 153 ff. beschrieben.

Wichtige Adressen

Tourist Police
5 Talat Mai Road, Nathon, Tel.: 077/281300.

Post
Postoffice in Nathon an der Uferstraße, die Postleitzahl ist 84140, die Telefonvorwahl 077.

Chumphon

Anreise

Mit der Eisenbahn
Von Bangkok verkehren mehrere Züge täglich. Man muß auf die Ankunftszeit in Chumphon achten, weil bis auf zwei Züge alle mitten in der Nacht in Chumphon eintreffen. Der Zug 12.35 Uhr ab Bangkok kommt um 20.15 Uhr und der 14.00 ab Bangkok erst um 21.45 Uhr an!
Von Hat Yai treffen die Züge ebenfalls spät abends ein.

Mit dem Bus
Von Bangkok fahren mehrere Busse täglich vom South Bus Terminal, Fahrzeit acht Stunden.
Von Surat Thani sechs Busse täglich, Fahrzeit vier Stunden.

Unterkunft

Jansom Chumphon, 188-65-66 Sala Daeng Road, Chumphon, thailändisches Mittelklasse Hotel, 140 Zimmer, Pool, ab 600 Baht.
Paradorn Inn, 180-12 Pharadon Road, Chumphon, thailändisches Mittelklasse Hotel, komfortable Zimmer, ab 500 Baht
Chumphon Cabana, Thung Wua Kaen Beach, Tambon Saphil, 40 Bungalows unterschiedlicher Kategorien, Fan und Aircon, großes Restaurant, am Strand, 400 bis 800 Baht.

Chuanphun Lodge, 54-3-6 Thung Wua Kaen Beach, Tambon Saphil, Hotelanlage, großes Restaurant, ab 500 Baht.

Tauchschulen

Chumporn Cabana Diving Center
Chumphon Cabana, Tel. 077/501990, gut ausgerüstete Tauchschule, PADI- und NAUI-Ausbildungen, neues Tauchschiff, bietet Tauchausfahrten zu den vorgelagerten Inseln an, direkt vom Resort, Abfahrten morgens um 9.00 Uhr.

Seafari International Ltd.
Thatapao Road, Chumphon, organisiert nach Bedarf Tauchausfahrten von Chumphon-Stadt aus. Agiert teilweise als Zulieferer für Chumporn Cabana Diving Center. Es ist abzusehen, daß sich diese Tauchstation in der Zukunft an einem der Strände niederlassen wird.

Tauchpreise des Chumporn Cabana Diving Center

Schiffe
„Cabana 1"	bis 10 Taucher 1600 Baht/Tag
„Cabana 2"	bis 15 Taucher 2500 Baht/Tag
„Cabana 3"	bis 20 Taucher 4000 Baht/Tag

Ausrüstung	
Lungenautomat/Jacket	250 Baht/Tag
ABC	100 Baht/Tag

Tagesausfahrten inclusive zwei TG, Flasche, Blei	1000 Baht/Tag

Tauchkurse
Openwater Diver Kurs	6500 Baht, vier Tage
Openwater Diver Kurs Package	8000 Baht vier Tage, incl. VP + Acc.
Advanced Diver Kurs	5000 Baht zwei Tage
Rescue Diver Kurs	8500 Baht fünf Tage
Divemaster Kurs	15 000 Baht zwölf Tage

Wichtige Adressen

Post
Post Office in der Susuk Road. Die Postleitzahl ist 86000, die Telefonvorwahl 077.

Weiterreise

Mit der Eisenbahn
Nach Bangkok täglich um 20.20, 21.20 und 22.05 Uhr. Fahrzeit ca. neun Stunden. Nach Sungai Golok täglich um 20.15 und 21.40 Uhr. Nach Butterworth täglich um 22.55 Uhr.

Mit dem Bus
Nach Bangkok mehrere Busse täglich zwischen 10.00 und 22.00 Uhr. Nach Surat Thani täglich um 8.30 und 13.00 Uhr.

Bootstransfer nach Ko Tao
Von Chumphon täglich um 24.00 Uhr. Fahrzeit sechs bis sieben Stunden. Von Saplie täglich ein Express Boot. Vom Hotel Jansom Chumphon samstags und sonntags ein Speedboot um 8.30 Uhr in 90 Minuten.

Pattaya

Anreise

Mit dem Flugzeug
50 Kilometer südlich von Pattaya liegt ein kleiner Flughafen, der von Singapur und Hong Kong aus angeflogen wird. Das Office der Thai Airways befindet sich im Royal Cliff Beach Hotel, Tel. 429287.

Mit der Eisenbahn
Abfahrt von Bangkok Hauptbahnhof täglich um 6.20 und 13.10 Uhr, freitags, samstags und sonntags sowie an Feiertagen um 6.20 Uhr.

Mit dem Bus
Abfahrt vom Bangkok Eastern Bus Terminal täglich alle 20 Minuten (Fahrtdauer ca. zweieinhalb Stunden).
Abfahrt vom Bangkok Northern Terminal täglich jede Stunde.
Abfahrt vom Bangkok Airport täglich 9.00, 12.00 und 19.00 Uhr im Minibus.
Abfahrt vom Bangkok Airport täglich jede Stunde.
Von größeren Hotels starten täglich Busse nach Pattaya. Abfahrtszeiten im Hotel erfragen!

Unterkunft

Pattaya verfügt über eine verwirrende Vielfalt an Hotels aller Kategorien und bietet damit für jeden Geldbeutel das passende Etablissement. Wer in Europa noch nicht vorgebucht hat und ohne Pauschalarrangement die Urlaubsreise antritt, kann über Henry Tours, 157/128 Mu 5, Naklua Road, Tel.: 411597, Fax: 427908 gute und faire Hotelpreise bekommen.

Luxushotels
Siam Bay View, Pattaya Beach Road, Zimmer ab 1900 Baht, Suiten ab 4500 Baht, mit deutscher Tauchschule von Siggi Schalinski. Die Tauchschule Paradise Divers bietet ihren Tauchschülern die Möglichkeit zu reduzierten Preisen im Siam Bay View zu wohnen.
Dusit Resort, Pattaya Beach Road, Zimmer um 3000 Baht.
Royal Twins, Pattaya 2 Road, Zimmer ab 1900 Baht.
Orchid Lodge, Beach Road, Zimmer ab 2000 Baht.
Royal Cruise, North Pattaya Beach Road, Hotel in Schiffsform, Kabinen ab 1800 Baht.
Royal Cliff Beach Hotel, Cliff Road, Zimmer ab 3000 Baht.
Royal Jomtien, Jomtien Beach Road, bestes Hotel am Platze, Zimmer ab 2000 Baht.
Asia Golden Tulip Pattaya, Cliff Road, Pool und Golfplatz, Zimmer ab 1800 Baht.
Royal Cliff, Cliff Road, mit den Komplexen Royal Cliff Terrace und dem Royal Wing, große Luxusanlage mit vielen unterschiedlichen Suiten, Zimmer ab 2600 Baht.

Drei- und Vier-Sterne-Hotels
Astoria, Naklua Road, Zimmer ab 1400 Baht.
Amari Nipa Lodge, North Pattaya Road, Zimmer ab 850 Baht.
Regent Marina, North Pattaya Road, Zimmer ab 1400 Baht.
Romeo Palace, unter deutscher Leitung, Naklua Road, Pool, AC Raum ab 450 THB.

Garden Lodge, ruhigere Anlage, Pool, tropischer Garten.

Thai Garden Resort, North Pattaya Road, unter deutscher Leitung, familienfreundlich, Zimmer ab 1100 Baht.

Palm Garden Hotel, viele deutsche Gäste, Pool, Pattaya 2 Road.

Little Duck Pattaya Resort, die Diskothek ist ziemlich laut, Central Pattaya Road.

Penthouse, Soi Pattayaland 2, gutes Preis-Leistungs-Verhältnis, liegt inmitten des Barviertels, Zimmer ab 400 Baht.

Midtown Inn, zwei Pools, Pattaya 2 Road/Soi Yen Sabia.

Oasis Hotel, günstige Zimmerpreise, Pool, Cliff Road.

Jomtien Bay View, gutes Preis-Leistungs-Verhältnis, Pool.

Mermaid's Beach Hotel, 75/102 Moo 12, Nong Prue, Jomtien Beach Road, bietet Touren in den Norden an, kinderfreundlich, Pool mit Planschbecken, keine Diskothek, Zimmer ab 700 Baht.

Tauchschulen

Seafari Sports Center
359/2 Soi 5, South Pattaya Beach Road, Tel.: 429060 und 429253, Fax: 424708; PADI-Ausbildungen auch in Deutsch. Seafari ist über die meisten großen Hotels zu erreichen, Bill Burbridge ist PADI District Course Director für Thailand. Dort werden Tauchlehrerseminare und -prüfungen durchgeführt.

Dave's Divers Den –
The Scuba Professionals
1/1 Moo3, Naklua Road, Tel.: 221860 und 221861, Fax: 221618, im Dusit Resort Tel.: 429901-3, Fax: 428039; PADI-, NAUI- und YMCA-Ausbildungen, unter amerikanischer Leitung von David Doll, der zugleich NAUI District Course Director von Thailand ist.

Die Tauchschule bietet Exkursionen zu unbetauchten Wracks und Schatzsuche an. Weiterhin können maßgeschneiderte Tauchanzüge angefertigt werden.

Mermaid's Sea Sport Center
Jomtien Beach, Soi Mermaid, Filiale von Dave's Divers Den.

Sunshine Diver
437/17 Moo 9, Soi Yodsak, Beach Road; Deutsche und österreichische Tauchschule unter Leitung des Wieners Gerhard Sunnerer und des Deutschen Patrick Spohn; NAUI-Ausbildungen. Sie legen als kleine Tauchschule großen Wert auf individuelle Betreuung der Taucher.

Paradise Divers
Im Eingangsbereich des Siam Bay View Hotels, Pattaya Beach Road, Tel.: 423871-8, Fax: 423879; Deutsche Tauchschule unter der Leitung von Siggi Schalinski und Gerhard Sunnerer, PADI- und UDI-Ausbildungen. Siggi Schalinski ist UDI Kursdirektor für Ostasien und führt Tauchlehrer-Lehrgänge durch. Die Tauchschule bietet Wracktauchen und Nachttauchgänge an, Nichttaucher können zum halben Preis an den Tauchausflügen teilnehmen.

Weitere Tauchschulen:
Pattaya International Diving Center, Soi Chaiyasit, Beach Road, Tel.: 433325.

Max Dive Shop, Nipa Lodge Hotel, Beach Road, Tel.: 428321, Fax: 428097.

Reef Divers, Ocean View Hotel, Beach Road, Tel.: 428084, Fax: 428551.

Steven's Dive Shop, Soi 4, Pattaya Beach Road, Tel.: 428392.
Sea and See Diving, Pattaya Beach Road, Tel.: 426517.
Divers World, Soi Yamato, Tel.: 426517
Sea Sport Diving Center, gegenüber dem Sailing Club, Beach Road, Tel.: 428116.
Lucky Diver, 437/47 Soi Yodsak.

Wichtige Adressen

Tourist Office TAT, 382/1 Chaihat Road, Öffnungszeiten täglich 8.30 bis 16.30 Uhr.
Tourist Police, gleich neben dem Tourist Office, Tel.: 429371.
Immigration Office, Soi 8, für Visaverlängerungen.

Banken:
– Thai Farmers Bank, 22 South Pattaya Road.
– Bangkok Bank, 545 Beach Road.
– Siam Commercial Bank, 277 Beach Road.

Post, Soi Post Office, die PLZ von Pattaya ist 20250.
Telefone Exchange Service, South Pattaya Road, die Vorwahl von Pattaya ist 038.

Krankenhäuser:
– Pattaya Memorial Hospital, Central Pattaya Road, Tel.: 429422.
– Pattaya International Clinic, Soi 4 Pattaya Beach Road, Tel.: 428374.
– Polyclinik Münster, Central Pattaya Road, Tel.: 429357.

Unterhaltung

Diskotheken
Palladium, Pattaya 2 Road.
Regent Music Hall, Pattaya 2 Road.

Cabaret
Alcazar, Pattaya 2 Road.
Tiffany Show, Pattaya Sport Bazar Building.
Simon Cabaret, Village.

Segeln
Pattaya Sailing Center, Jomtien Beach, Tel. 423 695.

Golf
– Siam Country Club, 50 Tambon Pong, Banglamung.
– Royal Thai Navy Golfplatz.
– Bangphra Golfplatz, 45 Moo 6, Tambon Bangphra, Si Racha.
– Panya Resort Golfplatz, 502 Moo 1, Tambon Bangphra, Si Racha.
Die Golfplätze sind jeweils täglich von 6.00 bis 18.00 Uhr geöffnet.

Go Kart
Go Kart Speedway, Soi Thepprasit, täglich von 9.30 bis 19.00 Uhr.

Ko Chang

Besonderheiten der Region

Gegen Malaria, Quallen und Sandfliegen individuelle Schutzmaßnahmen treffen. Auskünfte geben die Tropeninstitute, siehe Seite 190. Für den Fall einer Infektion gibt es in Laem Ngob 500 Meter links vom Steg ein Malaria-Office.

Anreise

Die zentrale Ablegestelle für die Bootstransfers ist Laem Ngob. Die Abfahrtszeiten sind während der Hauptsaison um 12.00 und um 15.00 Uhr. In dem bunten Durcheinander am Steg von Laem Ngob ist ein rechtzeitiges Erscheinen empfohlen, um mit ausreichend Zeit das richtige Boot zu finden. Die Fahrzeit beträgt etwa vier Stunden. Der „Pickup Transport" auf der Insel zu den Resorts ist noch sehr abenteuerlich. Die Transferschiffe laufen teilweise die Resorts direkt an.

Unterkunft

Fast ausschließlich einfache Bungalows (zum Teil ohne Dusche, WC und Licht), Preislage zwischen 80 und 150 Baht. Etwas besser ist das Pla Loma Cliff Resort am Hat Sai Khao Beach. Die Bungalows sind mit Bad, Fan und Moskitonetzen vor den Fenstern ausgestattet. Deutsch-schweizerische Leitung.

Tauchschulen

Scuba Professionals – Dave's Divers Den. Ao Zappalot, Tel. in Pattaya 221860.

Wichtige Adressen

Alle Angelegenheiten können direkt im Resort erledigt werden. Die nächste Bank zum Geldumtausch befindet sich in Laem Ngob. Für den Fall einer Infektion gibt es in Laem Ngob 500 Meter links vom Steg ein Malaria Office.

Weiterreise

Die Transferboote verlassen Ko Chang in der Regel um 6.30 Uhr, je nach Bedarf von den Resorts. Bei rechtzeitiger Ankündigung sind die Resorts bei der Abreise behilflich.

Ko Mak

Besonderheiten der Region

Malariaprophylaxe nicht vergessen. Die Tropeninstitute geben gezielte Auskünfte zur individuellen Vorbeugung. Für den Fall einer Infektion gibt es in Laem Ngob 500 Meter links vom Steg ein Malaria Office.

Anreise

Transferboote von Laem Ngob täglich um 15.00 Uhr. Die Fahrzeit beträgt ca. drei Stunden.

Unterkunft

Au Kao Resort, unterschiedliche Bungalowkategorien von 300 bis 800 Baht pro Tag, angegliederte Tauchschule von Paradise Divers (siehe Seite 212).
Ko Mak Resort, unterschiedliche Bungalowkategorien von 400 bis 1000 Baht pro Tag, angegliederte Tauchschule von AFÉRO (siehe Seite 212).

Tauchschulen

AFÉRO, Ko Mak Resort, Réne Meili und
Frau Paola, Tel. 01-3270220.
Paradise Divers, Au Kao Resort, Siggi
Schalinski, Tel. in Pattaya 423871.

Wichtige Adressen

Alle wichtigen Angelegenheiten können
in den o. a. Resorts erledigt werden.

Weiterreise

Nach Laem Ngob täglich um 7.00 Uhr
mit dem Transferschiff.

Reiseführer leben von der Aktualität neuester Informationen. So konnte ich schon
viele Hinweise von Tauchern auswerten, die mich während der Erarbeitung dieses
Buches erreichten. Damit dieser Tauchreiseführer auch weiterhin auf dem jeweils
aktuellsten Stand bleibt, bin ich für weitere Hinweise, Tips und neugewonnene Eindrücke jederzeit dankbar.
Zuschriften und Diamaterial, das ich einarbeiten kann, werden mit Namensnennung
und einem Freiexemplar der neuesten Auflage honoriert. Bitte senden Sie Ihre Vor-
schläge an meine Adresse:

Christian Mietz
Am Hapberg 1 a
D-82347 Bernried
Fax: 08158/3358

Danksagung

Ich möchte an dieser Stelle allen Tauchern danken, die mich bei meinen Fotoarbeiten in Thailand geduldig unter Wasser begleiteten und mir bei der Motivsuche eifrig halfen. Sie trugen wesentlich dazu bei, daß ich seltene Motive in Ruhe ablichten konnte. Weiterhin bedanke ich mich bei allen Mitarbeitern meiner Tauchschule ganz herzlich, insbesondere bei meinem ehemaligen Partner Stefan Geib, der mir durch sein Engagement die nötigen Freiräume verschaffte, um intensiv für dieses Buch zu recherchieren. Mein Freund Ekkehard Schwadtke („Mr. Ekki") organisierte viele Dschungelexkursionen, die uns zu unbekannten Plätzen abseits der Touristenpfade führten. Er stand mir stets mit seinen umfangreichen Kenntnissen von Land und Leuten zur Seite, wofür ich mich hier bedanken möchte. Ferner danke ich den Tauchschulen SANTANA, Horst Hinrichs und seiner Crew, CALYPSO, Franky und Stefan und ihren Tauchlehrern und SIAM, Andy Kolb mit seinem Team. Sie unterstützten alle meine Buchvorbereitungen intensiv, mit Horst erkundete ich per Kanu die einmaligen thailändischen Naturschönheiten des Kao Sok Nationalparks. Weiterhin danke ich der Fluggesellschaft Thay Airways International, die mich stets zuverlässig und komfortabel in mein liebstes Reiseland brachte. Mein Dank gilt auch den Mitarbeitern des Thailändischen Fremdenverkehrsamtes in Frankfurt – allen voran Sabine König. Sie versorgte mich eifrig mit den neuesten Informationen.

Ich möchte auch die Mitarbeiter des Naturbuch Verlages erwähnen, die aus meinem Manuskript ein wunderschönes Buch entstehen ließen. Und schließlich bedanke ich mich ganz besonders bei meiner Frau Monika. Sie sah mich, als ich in Thailand war, lange Zeit gar nicht, und als ich wieder heimkam, vornehmlich von hinten vor dem Computer sitzend.

Literaturverzeichnis

Bärtels, A.: Farbatlas Tropenpflanzen, 3. Aufl. Ulmer, 1993

Beek, Steeve van: Bangkok. Apa Guide. RV. München 1991

Bertelsmann Lexikon Tiere. Bertelsmann Lexikon Verlag, Gütersloh 1992

Bhikkhu, K.: Buddhism Explained. Silkworm Books, Bangkok 1989

Ehm, O. F: Tauchen – noch sicherer!, Müller Rüschlikon, Cham 1993

Fang, S.: Thailand's Tropical Seas. SNP Publishers, Singapur 1993

Graham, M.: National Parks of Thailand. Communication Resources, Bangkok

Grischke, E.: Phuket-Tauchreiseführer. Verlag E. Grischke, Brühl 1994

Grüter, W.: Leben im Meer. Ott Verlag, Thun 1990

Holzapfel, R.: Richtig Tauchen, 6. Aufl. BLV, München 1993

Hoskin, J.: Thailand. BW Verlag, Nürnberg 1991

Kaewsuriya: Discovering Thai Seas. Seeda Press, 1991

Keawcum/Richter: Phuket, Phangna, Krabi. Eigener Druck 1993

Kellermann, B.: Reisen in Asien. Verlag Volk und Welt, Leipzig 1975

Krack, R.: Thailand Handbuch. Rump Verlag, Bielefeld, 1989

Krack, R.: Phuket und Umgebung. Rump Verlag, Bielefeld 1990

Loose, S.: Thailand. Loose Verlag, Berlin 1992

Löser, S.: Exotische Insekten, Tausendfüsser und Spinnentiere. Ulmer, Stuttgart 1991

Lötschert, W./Beese, G.: Pflanzen der Tropen, 4. Aufl. BLV, München 1992

Lutterjohann, M.: Thai für Globetrotter, 5. Aufl. Kauderwelsch Bd. 19. Peter Rump Verlag, Bielefeld 1990

Majchacheep, S.: Marine Animals of Thailand. Prae Pittaya Publishers, Bangkok 1989

Manthey: Kooperationsführer Thailand. BfAI, Köln 1989

Marinuzzi, A. S.: Exotische Blumen. Albert Müller Verlag, Zürich 1978

Masuda, H./Allen, G.: Meeresfische der Welt. Tetra Verlag, Melle 1993

McMakin, P.: Flowering Plants of Thailand, 2. Aufl. White Lotus Co. Ltd., Bangkok 1993

Meisel-Bailey: Süd-Thailand. Pilot Publishing, Manila 1993

Mietz, C./Ippen, W.: Tropische Meeresfische, 2. Aufl. Naturbuch Verlag, Augsburg 1993

Möbius, M./Ster, A.: Thailand selbst entdecken. Regenbogenverlag, Zürich 1991

Nichol, J.: Tierschmuggel. Albert Müller Verlag, Zürich 1989

Piprell/Everingham: Sail Thailand. Artasia Press, Bangkok 1991

Schmidt, P./Paschke, D.: Niedere Tiere. Verlag S. Nagelschmidt, Stuttgart 1987

Thailändisches Fremdenverkehrsamt TAT: Thailand Reisehandbuch, Frankfurt 1992

Vaddhanaphuti, N.: Wild Orchids of Thailand. Silkworm Books, Bangkok 1992

Veron, J.E.N.: Corals of Australia and the Indo Pacific. Angus & Robertson, North Ryde 1986

Bildnachweis

Dr. Klaus Becker:
Seite 22 oben, 35, 44, 46, 51, 52 oben und unten, 53 oben rechts und unten, 54 rechts, 55 oben, 56, 57 unten, 59 rechts oben und unten, 61 oben und unten rechts, 85 rechts Mitte, 88 unten rechts, 92 oben links, 93 rechts Mitte, 94 oben links und unten rechts, 96 oben links, 129, 134 unten links, 141, 148 oben, 162 unten, 167, 168 links, 171.

Thomas Blümel: Seite 12, 53 Mitte, 75 links oben, 107 unten, 109, 111 rechts.

Uwe Christensen: Seite 81 oben, 82 oben.

Anne Gleim: Seite 117 links, 131, 132, 134 oben, 158/159.

Josef Hinterkircher: Seite 96 unten rechts.

Udo Kefrig: Seite 69 Mitte.

Günther Kettenring:
Seite 10 unten links, 37, 69, 85 unten, 93 oben links und rechts, 94 unten links, 128, 164.

René Meili: Seite 176, 177, 178 oben und unten.

Wolfgang Nagel:
Seite 106, 110/111, 114/115, 117 rechts, 119, 120, 121, 122, 144 unten.

Carl Roessler: Seite 92 unten links.

Ekkehard Schwadtke:
Seite 26, 30, 38 rechts und links, 148 unten, 150 oben, 151, 163.

Archiv Scupabro: Seite 13, 15, 16.

Alle anderen: Christian Mietz.

Ich bedanke mich bei den Bildautoren Dr. Klaus Becker, Thomas Blümel, Uwe Christensen, Anne Gleim, Josef Hinterkircher, Udo Kefrig, Günther Kettenring, René Meili, Wolfgang Nagel, Carl Roessler und Ekkehard Schwadtke ganz herzlich für ihre Beiträge zu diesem Buch.   Christian Mietz, Bernried, im Frühjahr 1995

Sachregister

Halbfette Seitenzahlen verweisen auf Abbildungen, lateinische Art- und Gattungsnamen sind *kursiv* gedruckt.

H

Haarsterne   94, **165**
Haie   68 f., 120
Halichoeres biocellatus   **80**
Halsbandfalterfisch   **76**
Harlekin-Anemonenfisch   **79**
Hartkorallen   90
Heliopora coerulea   90
Hevea brasiliensis   **59**
Hexacorallia   90
Hibiscus rosa-sinensis   **57**
Hibiscus teliaceus   **56**
Himerometra robustipinna   **96**
Hin Bida   128, 141
Hin Daeng   144, **144**
Hinayana   31, 32
Hinduismus   25
hinduistische Mythologie   33
Hindus   32
Hinta Hinyai   154
Hirnkoralle   **91**
Holothuroidea   89, 94
Hornkorallen   90
Huai To Wasserfall   135

I

Igelfische   87
Imperator-Kaiserfisch   **75**
Impfungen   190
Indischer Rotfeuerfisch   **85**
Industrialisierung   35
Inlandsflugnetz   19
Insektenarten   51
Isthmus von Kra   102, **102**

J

Jack(baum)frucht   **61**, 63
James-Bond-Felsen   111, **111**
Javanashorn   49
Jui Tui Tempel   110
Jungfernfische   77
Juwelenbarsch   **71**

K

Käferschnecken   92
Kao Sok Nationalpark   **34**
Karambole   **61**
Kardinalfische   72
Karma   30
Kaurischnecke   **92**
Kautschukbaum   **59**
Kautschukplantage   **58**, 58, 131
Keilfleckfalterfisch   **76**
Kettenviper   54
Khao Khiew Open Zoo   172
Khao Pra Thaew Wildlife & Forest Park
   112
Khlong   **21**
Khmer   25, 26, 106
Ko Adang   149, **150**
Ko Bai Dang   180
Ko Bangu   118
Ko Bida   128, 142
Ko Born   121
Ko Chang   172 f.
–, Anreise   211
–, Besonderheiten   210
–, Tauchschulen
–, Unterkunft   211
–, Weiterreise   211
–, wichtige Adressen   211
Ko Chuak   142, **143**
Ko Dok Mai   115
Ko Ha   142
Ko Hai   142
Ko Huyong   118
Ko Kham   179
Ko Kra   180
Ko Kradan   143
Ko Lanta   104, **138**, 139 ff., **140**
–, Anreise   200
–, Tauchplätze   141 ff.
–, Tauchschulen   201
–, Unterkunft   200 f.
–, Weiterreise   201
–, wichtige Adressen   201